원펀치

원펀치

김황길 에세이

차례

프롤로그_ 내리막길 다음은 오르막길일 테니 … 6

1장
다시 뛰는 심장

인생 바닥을 찍다 … 21
깨진 거울 속의 나 … 25
어쩌다 복싱 … 28
다시 뛰는 심장 … 33
오 신이시여, 이것이 첫 경험이란 말입니까? … 38
스물여섯에 나는 복싱 선수가 되었다 … 43
상대의 눈빛이 헤드기어 사이로 보이고 … 46
한 달 만의 데뷔전 … 51
첫 일탈 … 58
그래! 이 패배를 기억하겠어 … 63

Who Am I _ 어린 시절 … 66

2장
최소 연차 복싱 챔피언

챔피언이 되다 … 79
누구나 할 수 있지만, 아무나 할 수 없다 … 83
배우로 돌아갈 시간 … 86
진짜 내가 있어야 할 곳 … 89
원래대로라면 일본 선수의 상대는 나였으니까 … 92
판을 바꾸다 … 95
9전 8승 1패 … 100
2년 5개월만에 아시아타이틀을 거머쥐다 … 105

Who Am I _ 챔피언을 만든 사람들 … 108

3장
사느냐 죽느냐

꿈을 이루지 못할 이유 같은 건 없다 … 121
포기하지 않고 3연승 KO … 124
검은 기운 … 128
감량보다 힘든 기다림 … 133
세계챔피언을 앞두고 '레전드 매치' … 138
그럼에도 인생은 직진이다 … 148

Who Am I _ 세 가지 꿈 … 152

4장
지금을 즐겨라

상황을 탓하면 발전이 없다 … 169
저는 재능이 없는 선수입니다 … 171
한계를 뛰어넘고, 뛰어넘고, 또… … 175
포기하지 않는 것 … 179
다들 내 폼이 이상하대 … 182
뚜벅뚜벅 … 185
지금을 즐겨라 … 188
GoldRoad, 황금길 … 191

에필로그_ 그럼에도 불구하고 … 196

내리막길 다음은 오르막길일 테니

"더 이상 선수 생활은 힘듭니다."

의사는 단호했다.

억장이 무너진다는 게 이럴 때 쓰는 말일까. 누구보다 열심히 살아왔는데 순간 내 자신이 쓸모없다는 생각이 들었다. 앞만 보고 달려왔던 지난날이 눈앞을 스쳤다. 복싱 없이 살라는 의사의 말은 마치 사형선고 같았다.

스물여섯에 다이어트를 위해 복싱을 시작했다가 복싱의 매력에 빠졌고, 프로로 데뷔한 지 1년 3개월 만에 한국챔피언이 되었다. 2년 5개월 뒤엔 아시아챔피언이 되었다. 그리고 6년 만에 세계타이틀에 도전할 수 있는 WBA 인터내셔널 타이틀 시합이 예정되어 있었다.

인생이 탄탄대로인 것만 같았다. 링에 오르는 족족 상대를 쓰러뜨리기 바빴다. 사람들이 '세계 무대에 가장 근접한 복서'라며 나를 추켜세웠다. 그런데 오늘 의사는 복서에게 절명과도 같은 사망선고를 내린 것이다.

믿기지 않았다. 믿고 싶지 않았다. 몸은 이렇게 멀쩡한데 복싱을 그만두라니. 거짓말 같았다. 간절했다. 딱 한 번만 더 링 위에 서고 싶다는 강한 욕망이 끓어올랐다. 마지막으로 입을 뗐다.

"한쪽 눈은 상관없습니다. 꼭 세계타이틀에 도전하고 싶습니다."

순간 정적이 흘렀다. 옆에 있던 나의 스승, 김한상 관장님이 어깨를 잡았다. 관장님의 손이 떨리는 걸 느낄 수 있었다.

"황길아. 그동안 고생했다. 그만하자."

피도 눈물도 없이 훈련을 시켜 때론 그에게서 도망치고 싶었다. 그런 그가 지금 입술을 떨며 눈물을 흘리고 있었다.

그 모습을 보자 마음속에서 뭔가 단단했던 둑이 터져버린 것만 같았다. 우린 한동안 병실에서 말없이 눈물을 흘렸다.

그렇게 복싱 인생이 끝났다. 곧장 백내장 수술에 들어갔다. 수술은 성공적이었지만 집으로 돌아와 침대에 걸터앉으니 뺨 위로 뜨거운 눈물이 흘러내렸다. 멈출 수가 없었다. 크게 소리를 지르고 싶었다. 심장이 뛰며 온몸에서 뿜어져 나오던 희망의 빛은 사라지고 절망의 감정이 온몸을 감쌌다. 시야가 좁아지고 흐려졌다. 극단적인 외로움에 사로잡혔다.

나는 우울증에 빠졌다. 더이상 가슴이 벅차지도, 떨리지도 않았다.

생각은 가득했다. 이대로 절망과 우울에 빠져 아무것도 못한다고 단정 짓고 포기하면 앞으로 남은 인생은 어떻게 살 것인가. 아직 인생의 반도 살지 않았는데. 세계챔피언을 못했다고 인생이 끝난 것도 아니다. 6년 동안 복싱에 매진하면서 한계치에 도달하더라도 포기하지 않는 법을 배웠다. 꿈을 가지는 방법을 배웠다. 복싱을 위해 한계를 뛰어넘으며 훈련했던 그 과정과 열정을, 또 다른 꿈을 찾아서 거기에 쏟아붓는다면, 그게 무엇이든 이룰 수 있지 않을까.

인생을 영화처럼 살고 싶다고 늘 생각했었다. 특히 평점이 높은 영화처럼. 평점이 높은 영화는 굴곡이 있다. 굴곡도 없이 성공하는 사람이 있을까? 내리막길이 있으면 오르막길이 있지 않은가.

그때 철인 3종 경기가 눈에 들어왔다. 난 다시 런닝복으로 갈아입고 한강을 뛰기 시작했다.

인생을 위해 꿈을 위해 포기하지 않는 사람이 되기로 했다.

그 이야기를 지금부터 시작하려 한다.

'황길아, 이제 마지막 10라운드다. 네가 하고 싶은 대로 해봐.'

−김한상 스승님−

2019.11.08. WBA GLOBAL TITLE MATCH, 세계 랭킹 2위와의 호주 브리즈번에서의 시합.

——— 2019.11.08. WBA GLOBAL TITLE MATCH,
세계 랭킹 2위와의 호주 브리즈번에서의 시합.

─── 2019.11.08. WBA GLOBAL TITLE MATCH,
세계 랭킹 2위와의 호주 브리즈번에서의 시합.

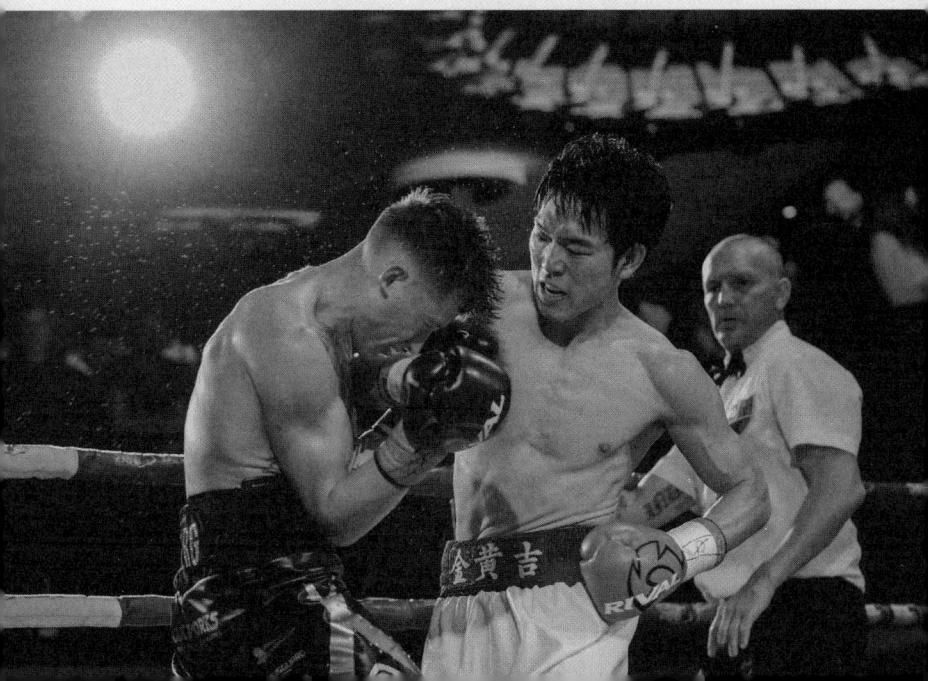

――― '링 위에서는 누구도 날 이길 순 없다'
땀복을 입은 채로 감량 중에 찍힌 강렬한 눈빛.

——— 데뷔한 지 1년 3개월 만에 한국챔피언, 2년 5개월 만에 아시아 챔피언이 되다. 세계 랭킹 진입을 위해 달려가던 중 찍은 프로필 사진.

─────── WBA ASIA LIGHT TITLE MATCH 2차 방어전 계체량.
링 위에서 시합할 우즈베키스탄 선수를 노려보고 있다.

─────── 1라운드 42초 만에 일본 선수를, 강력한 연타로 KO시키고,
기쁜 마음에 링 줄에 올라가 포효하고 있다.

──── 스승님, 진순이, 나. '오늘은 땀, 내일은 챔피언'

1장
다시 뛰는 심장

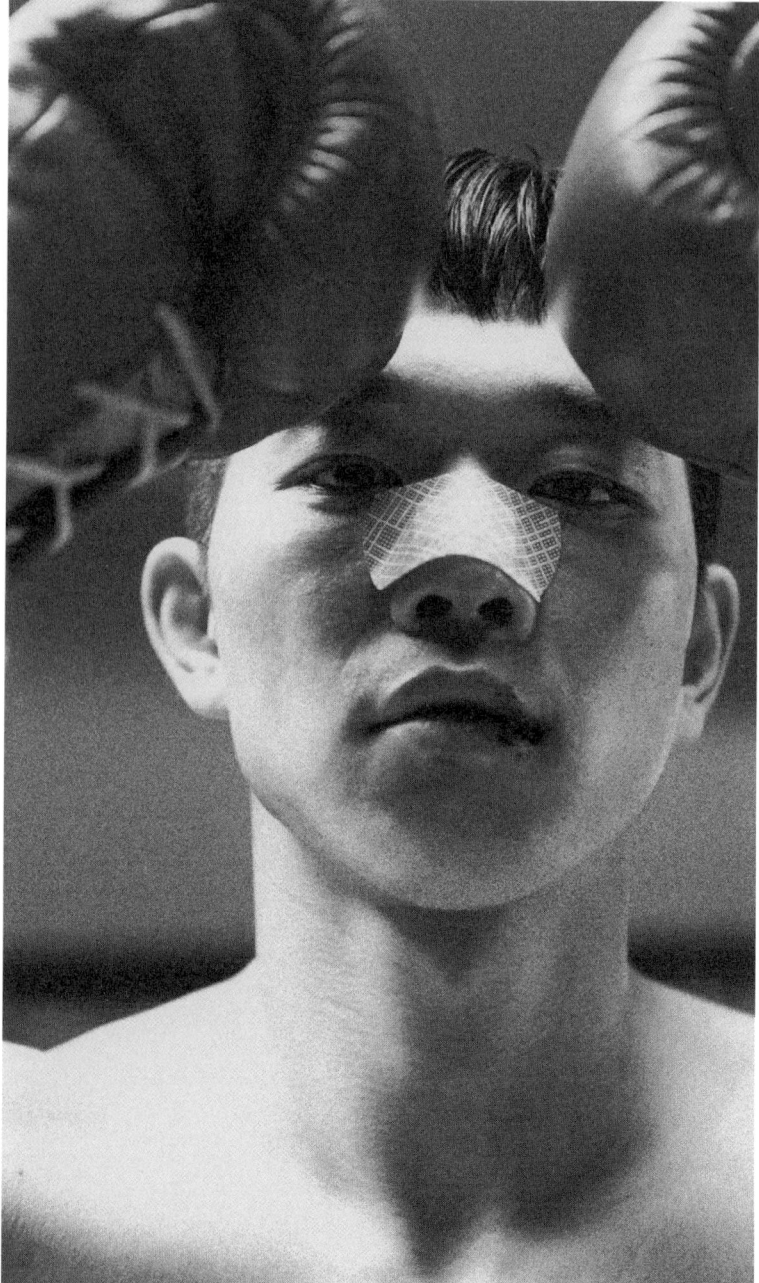

인생 바닥을 찍다

 인생이 '노력'만으로 평가받는 시스템이라면 나는 죽기 직전까지 달리고 또 달려서 성공할 자신이 있다. 나는 뭘 하든 주위에서 그만 좀 하라고 말리면 말렸지 더 노력하라는 말을 들어본 적이 없다. 그러나 20대 중반의 내 인생은 돈도 인맥도 경험도 뭣도 없는 나를, 지금 노력만 하면 뭐하냐고 비웃는 것만 같았다.

 일찍이 배우가 운명이란 생각에 연극영화과에 들어가 배우의 꿈을 키우던 나는 대학 졸업 후 한 달 동안 드디어 열 개의 1차 연기 오디션에 프로필 서류를 넣었다. 그런데 아무리 기다려도 부르는 사람이 없었다. 기다림이 길어질수록 쌓여 만가는, 방 안에 널브러진 술병들과 담배꽁초로 가득 찬 재떨이가 나를 더 루저로 만들었다. 왜 자꾸 떨어지는지 이해할 수 없었다.

충청남도 홍성군 홍성읍에 있는 청운대학교 연기과 연습실 거울을 보며 '사느냐, 죽느냐 그것이 문제로다' 대사를 수도 없이 연습했다. 방학 때면 집에도 안 가고, 학교에서 열리는 공연이란 공연은 다 참여한다는 목표로 4년 동안 남들보다 두 배나 많은 장장 '열여섯 번'이나 무대에 올랐다. 4학년이 돼서는 후배들의 입에 항상 오르내리는, 연기 제일 잘하는 선배였다.

그런데 뭐가 잘못됐을까.

'키가 더 컸어야 하나. 얼굴이 더 잘생겼어야 하나. 아니면 집에 돈이 많거나 배우 인맥이 있어야 일이 더 잘 풀렸을까.' 술에 취하면 개같은 생각이 떠오르기도 했다. 누구든 날 받아주기만 하면, 앞만 보고 달릴 수 있기만 하면 난 누구보다 열심히 노력할 수 있는 사람인데…. 나를 알아봐주지 않는 세상에 대고 '엿 먹어라' 고래고래 소리를 질렀다.

소리를 질렀더니 배가 고팠다.

담배를 입에 물고, 취한 상태로 슬리퍼를 신고 편의점으로 향했다. 삼각김밥과 컵라면을 골라 들고 카드로 결제하려는데 잔액 부족이 떴다. 그 와중에 배에서 나는 꼬르륵 소리도 싫었지만 삼각김밥과 컵라면도 살 수 없을 만큼 부족한 통장 잔액이 나를 더 비참하게 만들었다. 대학 생활 4년 내내 엄마가 꼬박꼬박 보내준, 통장에 찍힌 '아들용돈입금' 메모를 보니 양심의 가책이 느껴져 더 이상은 엄마한테 용돈을 달라고 할 수도 없었다.

오디션이고 뭐고 우선 돈부터 벌어야겠다는 생각에 컴퓨터 앞에 앉았다. 구직 정보라도 찾자. 전원 버튼을 눌렀다. 그런데 전원이 들어오지 않았다. 통장과 카드를 다 던져버리고 컴퓨터를 발로 차버렸다.

뜻대로 되는 것이 하나도 없었다. 졸업만 하면 탄탄대로를 달릴 것 같던 인생에 회의감을 느꼈다. 머리를 두 손으로 감싸는데 눈물이 떨어졌다. 항상 넘치던 자신감조차 사라졌다.

영화 〈박하사탕〉에 나오는, 인생이 엉망이 된 설경구가 철교 위에서 절규하며 "나 돌아갈래"를 외치며 극단적 선택을 했던 것처럼 나도 기찻길 위에 올라가고 싶었다.

깨진 거울 속의 나

 무엇이든 해야 했다. 무작정 집을 나섰다. 걸은 지 1분도 채 안 돼 숨이 턱까지 차올랐다. 한겨울인데도 몸에서 김이 나고 패딩 안에 땀이 맺혔다. 집앞 오르막에서 백여 미터를 더 올라갔지만 힘이 부쳐 더 이상 걷기가 힘들었다. 열이 나는 몸에 비해 시려운 손이 주는 온도차가 묘한 외로움을 느끼게 했다.
 무심코 고개를 돌렸는데 길가에 전신거울 하나가 덩그러니 버려져 있었다. 대각선으로 금이 가 깨진 거울에 산산조

각난 내가 서 있었다. 헝클어진 머리, 찢어진 청바지, 낡은 캔버스화, 4년 내내 입어 누더기가 다 된 롱패딩, 피곤한 얼굴과 거친 피부를 타고 흐르는 땀, 그동안 착실히 마신 술 덕분에 풍선처럼 빵빵한 배를 가진 내가 보였다. 당시 몸무게는 90킬로그램을 육박했다.

한참을 바라봤다. 깨진 거울로 보이는 나는 몸도 엉망이지만 영혼에 입은 상처가 더 큰 것 같았다. 그렇다고 방안에 히키코모리처럼 박혀서 허송세월을 보내면 그 상처가 치유될까? 시작한 게 없으면 남는 것도 없다.

대학 시절 존경하는 교수님이 첫 강의 때 한 말씀이 떠올랐다.

"배우가 되기 전에 먼저 인간이 되어라."

몸부터 정상으로 돌려놓자는 생각이 들었다. 혼자서는 자신이 없었다. 그렇다고 돈도 뭣도 없으니 일단 비싼 장비 필요 없이 맨몸으로 할 수 있는 운동을 찾았다.

마음을 바로잡고, 주먹을 불끈 쥐고, 호흡하기도 버거울 정도로 무거운 몸을 이끌고 예전에 한두 번 길에서 봤던 '한남권투체육관'이 있는 5층짜리 건물로 갔다. 막상 그 앞에 서니 두려웠다. 불끈 쥐었던 주먹은 벌벌 떨렸고, 10분 정도 망설이며 서성였다. '이렇게 약한 심장과 주먹으로 과연 내가 할 수 있을까?' 생각하는데 5층 체육관 유리창 너머로 '땡' 소리가 들렸다.

그 소리가 심장에 종을 친 것 같았다.

두근거렸다.

두려움을 뒤로하고 다리를 움직였다.

"그래. 일단 주먹이라도 휘둘러보자."

어쩌다 복싱

건물로 들어섰다.

체육관이 5층인데 가만히 있어도 몸을 위로 올려줄 엘리베이터가 없다. 돈도 없고 오디션도 합격 못 하면서 방 안에 틀어박혀 침대에서만 보낸 바보 멍청이 같았던 시간이, 5층 계단도 귀찮아하는 나를 만든 것 같아 후회가 앞섰지만 언제나 '후회했을 때가 가장 빠른 때'라며 생각을 고쳐먹었다.

계단을 오르기 시작했다. 거친 숨을 몰아쉬며 5층에 도착했다. 종소리와 샌드백 소리가 들리는 체육관 문을 열었다.

'한남권투체육관'에 들어선 일이 내 인생을 바꿀 줄도 모르고.

그곳은 꽤 올드한 체육관이었다. 마치 모과와 오이가 매달려 있는 것처럼 샌드백이 천장 이곳저곳에 매달려 있었다. 초등학교 때나 보던 나무로 된 마룻바닥은 군데군데 뒤틀리고 구멍이 나 있었다.

걸을 때마다 '끼익끼익'거리는 소리가 귀에 거슬렸다. 코끝을 찌르는 땀냄새, 샌드백을 '퍽퍽' 치는 소리와 '쉭쉭'거리는 선수들의 거친 숨소리가 체육관을 가득 메웠다.

"원투! 원투쓱빡!"

아버지뻘 되는 한 남자가 미트(펀치 연습을 시킬 때 끼는 큰 장갑)를 잡아주고 있었다. 미트를 타격하는 강한 주먹 소리를 듣고 왠지 모르게 몸이 경직되는 강한 기운을 느끼자 거친 호흡이 쑥 들어가고 멍하니 그 모습을 바라볼 수밖에 없었다.

미트를 잡아주는 남자가 체육관 관장이라는 걸 단번에 알았다. 선수의 행동 하나하나를 캐치하고 소리치는 그의 눈빛은 마치 데이빗 핀처 감독의 명작 영화 〈파이트 클럽〉에서 브래드 피트가 지하실에서 부하들에게 "싸워 봐야 너 자신을 알게 돼! 이겨내!"라고 외치는 장면을 떠올리게 했다.

독사의 눈빛.

무섭지만 강렬한 끌림에 나까지 절로 주먹이 꽉 쥐어졌다.

"저… 운동을… 좀… 해보려고 하는데요…?"

그와 마주 앉았다. 그가 왜 복싱을 배우러 왔는지 물었다.

"배우를 준비 중인데… 몸도 만들고, 체력도 기르고 싶고, 주먹을 사용해보고도 싶고…."

긴장한 탓인지 두서 없이 주절거렸다.

"너 같이 자신감 없는 놈이 배우를 해?"

초면부터 그는 매서운 잔소리를 퍼부었다. 유지태, 최수종 등 자신을 거쳐간 배우만 몇 명이며, 그들이 복싱하면서 얼마나 깨우친 것이 많은지 얘기했다. 또 한남체육관이 복싱 영화나 드라마 예체능에 수도 없이 나왔고, 직접 복싱 액션을 가르치러 현장에 가기도 한다고 했다. 복싱을 잘하게 되면 소개해줄 감독이 많다고도 했다. 그리고도 끝없이 이야기가 이어졌다.

한 달만 등록하겠다는 내 말에 3개월은 등록해야 한다며 소리를 치는데 돈이 없었던 나는 엄마 카드를 내밀었다.

등록을 마치니 체육관 히스토리가 또 쏟아져 나왔다. 여기서만 한국챔피언이 열다섯 명 이상 나왔다고. 최현미, 조니 김, 지인진 선수 등 세계챔피언을 만든 그의 트레이너 시절을 들으며 체육관을 둘러봤다.

    WBC 유라시아 라이트급 챔피언 김일권 선수와 IBF 아시아 웰터급 챔피언 김주영 선수가 눈앞에서 샌드백을 치고 있었다. 떨어진 땀방울이 마룻바닥에 흥건했다. 힘들어도 쉬지 않고 주먹을 휘두르는 실제 모습이 영화에서 연기로만 복싱 액션을 하는 배우들보다 훨씬 멋있어 보였다. 그들과 함께 운동한다면 나도 그들처럼 챔피언의 주먹을 가질 수 있을 것만 같았다.

    맨들맨들한 다른 바닥에 비해 샌드백 주변과 섀도복싱을 하는 거울 앞에만 마룻바닥이 까맣게 삭아 있었다. 그간의 노력을 증명하듯 선수들이 흘린 엄청난 땀이 쌓이고 또 쌓여 그렇게 되었다는 건 나중에 알았다.

    거울 위에 액자가 걸려 있었다.

오늘은 땀, 내일은 챔피언

체육관의 관훈을 보니 가슴이 벅차올랐다. 나 역시 챔피언 같은 배우가 되고 싶었다. 지금보다 더 나은 나를 만들기 위해 땀을 흘리고, 내 땀으로 마룻바닥을 적시고 싶다는 생각이 들었다.

심장이 두근거렸다.

다시 뛰는 심장

나는 늘 외로웠다. 엄청난 도파민이 분출되는 상황에 나를 몰아넣는 것만이 내 안에 똬리를 틀고 있는 깊은 외로움을 없애는 유일한 방법 같았다.

항상 고된 일에 뛰어들었다. 노가다, 무대 작업, 택배 상하차, 술집 알바…. 아무 생각이 나지 않을 만큼 힘든 일을 하고 난 뒤 통장에 찍히는 '돈'을 보며 입이 찢어진 조커처럼 웃었다. 125cc 배기량의 바이크 모터 힘이 부족하다 느껴져 650cc로 바꾼 뒤, 3킬로미터 용마 터널을 최고 속도로 달리며 분출되는 도파민에 목이 쉬도록 소리를 질렀다. 작은 역할의 감사함을 모르고 더 큰 역할을 맡을 욕심에 큰 오디션만 보다가 모조리 떨어진 것도 그때문이다.

깨진 거울을 본 순간, 당장 떠올린 운동이 작은 두 주먹만으로 나를 극한에 몰아넣을 수 있는 '복싱'이었다. 그런데 이번엔 심장이 먼저 반응했다. 진짜 배우가 되고 싶었던 그날 이후 오랜만에 다시 느껴보는 감정이었다.

체육관에 등록하고 다음 날부터 바로 시작했다.

"땡!"

라운드 종소리가 울렸다. 라운드마다 3분의 시간이 주어지고 쉬는 시간은 고작 30초. 해야 할 건 줄넘기 3라운드, 샌드백 3라운드, 미트 2라운드, 자세 연습 2라운드, 모두 합해서 10라운드(30분)다. 그동안 얼마나 체력이 밑바닥이었는지 줄넘기를 넘다가도, 샌드백을 치다가도 멈추기를 반복했다. 30분밖에 안 했는데 토가 나올 것 같았다. 화장실에 가서 몰래 구역질을 했다. 변기물을 내리는데 내 자신도 같이 떠내려가는 것 같았다. 그럴 때마다 배우가 꿈이라는 자식이 그렇게 약해서 되겠냐는 관장님의 꾸지람이 돌아왔다.

나약한 자신과의 싸움에서 이기고 싶었다. 그래서 매일매일 이룰 수 있는 최소한의 목표를 세웠다.

"90킬로그램의 못생기고 체력도 없는 돼지에서 벗어나자."

하루도 빠짐없이 체육관에 가기로 스스로와 약속했다.

1주차(89kg) : 스트레칭, 줄넘기 1라운드, 자세 연습 2라운드, 미트 2라운드, 샌드백 1라운드

2주차(87kg) : 스트레칭, 줄넘기 2라운드, 자세 연습 3라운드, 미트 2라운드, 샌드백 2라운드

3주차(83kg) : 스트레칭, 줄넘기 3라운드, 자세 연습 4라운드, 미트 2라운드, 샌드백 4라운드

4주차(78kg) : 스트레칭, 줄넘기 4라운드, 자세 연습 4라운드, 미트 2라운드, 샌드백 8라운드

편의점에 가려고 슬리퍼를 신는 대신, 체육관에 가기 위해 운동화를 신는 일이 습관이 되도록 만들었다. 1주차가 되자 기어가다시피 했던 내가 뛰어서 갈 수 있게 되었다. 2주차가 되자 1라운드만 해도 힘들었던 샌드백과 줄넘기가 2라운드

이상을 해도 힘들지 않았다. 3주차가 되자 운동 시간이 30분에서 1시간 30분으로 늘었다. 체력이 늘면서 힘뿐만 아니라 '뭐든 꾸준히 하면 된다'고 생각하는 내면의 힘도 향상되었다. 그렇게 나는 4주차에 8라운드 동안 샌드백을 두드릴 수 있게 되었다.

샌드백을 치는 순간만큼은 복잡하게 얽혀 있던 생각들이 싹 사라졌다. 힘들면 소리를 질렀다. 그동안 마음에 쌓인 스트레스의 벽돌이 하나씩 깨지는 느낌이었다. 주먹이 샌드백에 꽂힐 때의 느낌은 정신 차리라고 자신을 꾸짖는 사랑의 매 같았다. 관장님에게 미트로 머리를 맞으면서 걷는 법, 뛰는 법, 주먹을 내는 법을 배우는 과정이 나를 찾아가는 삶의 동력 같았다.

어느 날 체육관에서 마음 먹고 두 시간 동안 운동을 했다. 더이상 관장님의 심한 잔소리가 들리지 않았다. 체중이 90킬로그램에서 78킬로그램까지 빠졌다. 뿌듯함으로 마음을 가득 채우고 집으로 향하는 언덕길에 멈췄다. 한 달 전 나를 돌아볼 수 있게 해준 깨진 거울이 그 자리에 그대로 있었다. 깨진 거울은 그대로였지만 그 안에 보이는 날렵해진 한 청년의 모습은 한층 단단해져 있었다.

 가장 큰 발견의 순간은 자신을 바라볼 때가 아니라 깨져 있던 내 자신을 넘어섰을 때 일어났다.

오 신이시여, 이것이 첫 경험이란 말입니까?

"퍽퍽! 쉭쉭!"

한 달을 다녀 보니 간혹 타 체육관 선수들이 우리 체육관을 방문해 스파링을 하는 경우가 있었다. 나는 이 시간이 좋았다. 국내 최정상급 복서들의 영민한 수싸움을 눈앞에서 볼 수 있었기 때문이다.

링 위에 오른 선수들은 맹수 같다. 서로의 빈틈을 찾으려 타이밍을 노리고 빈틈이 생기면 주먹을 꽂아 넣는다. 사각의 링 안엔 권력도 욕심도 분노도 없다. 오직 냉정한 침착함과 상대방을 쓰러뜨려야 한다는 한 가지 목표뿐이다.

 난 그게 좋았다. 서로의 배경도 돈도 사회적 지위도 다 필요 없이 오로지 자신이 해온 노력으로만 인정받는 방식, 그것이 복싱이다.

 "땡!"

 날카로운 타임벨이 울리고 4라운드가 끝났다.

 "짝! 짝! 짝!"

 뜨거운 땀을 흘린 그들을 향해 나도 모르게 박수를 쳤다. 그리고 무심결에 고개를 돌리다가 관장님과 눈이 마주쳤다. 그 찰나의 순간 묘한 눈싸움이 벌어졌다. 관장님이 먼저 침묵을 깼다.

 "너, 가서 헤드기어랑 글러브 껴."

 잘못 들은 줄 알았다. 나는 놀라서 되물었다.

 "저요?"

 "그래 너. 황길이."

 긴장이 확 몰려왔다. 무슨 정신으로 링 위에 올랐는지 기억도 나지 않는다. 정신을 차려보니 두 손에 낀 글러브가 보였고 헤드기어가 머리를 꽉 조여왔다. 이윽고 1라운드 시작을 알리는 종이 울렸다.

"땡!"

나는 앞뒤 안 가리고 주먹을 휘두르며 망나니처럼 뛰쳐나갔다. 20초쯤 지나자 숨이 차기 시작했다. 그냥 뛰는 것도 힘든데 동시에 주먹까지 휘두르니 밑 빠진 독에서 물 빠지듯 체력이 금세 바닥을 드러냈다. 이미 숨은 턱까지 찼는데 1분도 채 지나지 않았다. 이게 복싱인가.

"더 세게! 더 강하게 치라고!"

링 밖에서 관장님의 고함소리가 들렸다. 하지만 세게 칠 힘이 없었다. 글러브가 10킬로그램 아령처럼 무겁게 느껴졌다. 두 주먹이 허공을 가르는 것만으로도 지칠 때쯤 라운드 끝을 알리는 종이 울렸다. 천국의 소리 같았다.

"땡!"

빨리 링을 벗어나고 싶었다. 어서 달려가서 시원한 냉수를 들이켜고 싶었다. 링 밖으로 나가려 머리를 빼는 순간 누군가 내 머리를 도로 링 안으로 밀어 넣었다. 관장님이었다.

"뭘 했다고 벌써 나와! 하나 더 해!"

그렇게 2라운드가 시작됐다. 설상가상으로 1라운드엔 받아만 주던 상대방도 이젠 주먹을 던지며 앞으로 다가왔다. 1라운드와는 차원이 다른 정신 없음이 시작됐다. 어떻게 주먹을 낼지 생각할 틈조차 없었다. 그야말로 패닉이었다. 왼쪽으로 도망가도 상대가 거기 있고 오른쪽으로 도망가도 상대가 거기 있었다. 두려웠다. 마치 커다란 산이 날 막고 있는 것 같았다. 주먹을 내려뜨린 채 그저 상대방이 내던지는 주먹을 온몸으로 막아낼 뿐이었다. 맞는 게 힘들다는 것을 그때 처음 알았다.

결국 아무것도 못하고 3분이 지나갔다. 종이 울렸다. 링 밖으로 도망치듯 굴러 나왔고 그대로 드러누워 천장을 바라보며 가쁜 숨을 몰아쉬었다. 숨이 제대로 안 쉬어졌다. 그야말로 지쳐 쓰러지는 기분을 처음 느꼈다. 움직일 수가 없었다. 심장이 미친 듯 요동치면서 쿵쾅거렸고 온몸이 두꺼운 쇠사슬에 묶인 느낌이었다.

이렇게 온몸이 저릴 정도로 힘들었던 적이 있을까. 정신이 아득해질 때까지도 심장이 여전히 두근거렸다. 그런데 아까와는 조금 다른 느낌이었다.

'… 이게 뭐지?'

영화 〈태극기 휘날리며〉를 보고 배우가 되겠다고 결심했을 때와 같은 떨림이었다. 숨이 조금 잦아들자 얼른 일어나 관장님을 향해 다가갔다. 나는 관장님 어깨를 돌려 세웠다.

"관장님, 저… 한국챔피언 되고 싶습니다."

스물여섯에
나는 복싱 선수가 되었다

　새벽 5시에 피곤한 몸을 억지로 일으켰다. 전철을 타고 종로3가에 도착했다. 대학교를 졸업했는데 용돈을 받을 수도 없어 알바를 시작한 상태였다. 6시에 도착한 곳은 낙원상가 옆에 있는 한 카페였다. 찬바람이 부는 봄날씨라 무거운 스탠드 난로와 야외 테이블과 의자를 모두 옮기고 청소를 시작했다. 7시가 되자 출근하는 손님들이 하나둘 손을 호호 불며 가게문을 밀고 들어왔다.
　청소를 하면서도 손님을 맞이하면서도 머릿속엔 온통 첫

스파링에 대한 생각뿐이었다. '체력이 겨우 그 정도였나? 왜 한 대도 맞히질 못한 거지?' 링 안에서 어떻게 싸웠는지 도무지 기억이 나지 않았다. 링 밖으로 굴러 나와 뻗어버린 게 너무 자존심이 상했다.

"저기요, 저기요! 아메리카노 두 잔 계산 됐나요? 카드 주실래요?"

정신을 차려보니 손님이 기분 상한 표정으로 서 있었다. 복싱 생각으로 손님을 제대로 받지 못할 정도였다.

"황길 씨. 뭐하는 거예요. 손님 기다리시잖아요."

"아! 죄송합니다, 죄송합니다."

고개를 연신 꾸벅이며 사과를 드렸다. 일을 마치는 12시가 되자마자 1초의 망설임 없이 가방을 들고 체육관으로 내달렸다. 도착하자마자 '오늘은 땀, 내일은 챔피언' 관훈을 보며 줄넘기를 시작했다.

갑자기 발밑으로 뭔가 '툭' 하고 떨어졌다.

앞주머니에서 빠진 담배였다. 옷을 급하게 갈아입고 나오느라 담배를 빼서 가방에 넣는 것을 깜빡했다. 뒤에서 보고 있던 관장님이 버럭 소리를 질렀다.

"챔피언이 된다는 자식이 담배 따위를 입에 대! 당장 버리고 가서 런닝머신 속도 13 놓고 15분 뛰어!"

한 갑 가득 들어 있던 담배를 한 손으로 구겨 쓰레기통에 넣고 런닝머신에 올라 뛰기 시작했다. 성인이었지만 뭔가 해서는 안 될 것을 들킨 기분이었다. 내 자신이 한심스러워 오기가 생겼다. 30분 넘게 런닝 머신을 뛰고 또 뛰었다. 폐가 터질 것 같았다. 지난번 스파링 때와 비슷하게 숨이 턱까지 차올랐다. 왠지 모르게 내려가면 후회할 것 같아서 이를 악물고 뛰었다. 손으로 가슴을 움켜쥐고 뛰었다. 어느새 옆에 다가온 관장님이 다시 불호령을 내렸다.

"15분 뛰라고 했지, 누가 30분이나 뛰래? 이 미친놈아! 알바 그만두고 형들 도와서 체육관에서 일하면서 선수 생활해!"

기분이 묘했다. 직업이 생긴 것 같다고나 할까. 얼마 뒤 카페를 그만뒀다.

오늘부터 난 복싱 '선수'다.

상대의 눈빛이
헤드기어 사이로 보이고

　한국챔피언을 목표로 체육관에서 신입 코치 일을 배우기 시작했다. 복싱 이야기로 이루어진 영화나 만화를 보면 주인공은 새벽마다 체육관 문을 열고 대걸레 청소를 힘들게 하다가 마침내 챔피언에 오른다. 언젠간 나도 '주인공'이 되리란 생각에 선수부 형들이 운동하는 모습을 어깨너머로 쳐다보며 배웠다. 그 모습을 하나도 놓치기 싫어서 휴지통에 꽉 찬 쓰레기를 버려야 하면 5층부터 1층까지 무릎이 아픈 줄도 모르고 최대한 빠르게 뛰어내려갔다 올라왔다.

관장님은 링에 올리기 전에 나를 테스트하는 것 같았다. 사무직으로 따지면 매일 프린트하고 커피만 타야 하는 상황이다. 잡일을 하면서도 버틸 수 있는지, 눈치는 빠른지, 형들 말을 잘 들으면서 혼자서 운동도 열심히 하는지 지켜보는 것 같았다. 시키는 대로 하면 되는 단순한 일도 버티지 못한다면 오직 혼자 싸우는 링 위에서 과연 승리할 수 있을까 싶은 생각에 뭘 시키든 "알겠습니다!" 크게 대답하고 재빠르게 움직였다.

선수 형들은 내가 뭐든 열심히 하는 동생이란 파악이 끝났는지 적극적으로 '복싱'을 알려줬다. 스파링, 부족한 자세 등을 알려주면 퇴근 전에 아무도 없는 체육관에서 홀로 한 시간 정도 기본기를 다졌다. 거울을 보며 '원투' 자세를 연습하면서 마음속으로 소크라테스의 명언을 생각했다. "너 자신을 알라" 스스로 기초가 부족한 것을 알았기 때문에 어떻게든 시간을 내서 연습했다.

날 테스트만 하는 관장님께 운동 한 번 제대로 배우지 못한 채 벌써 4개월이 지났다.

어느 주말, 관장님과 일권이형, 주영이형과 함께 원정 스파링을 가게 되었다. 시합으로 실제 링에 오르기 전에 최종 점검을 하기 위한 연습 스파링이다. 그동안 연습한 것들을 다른 체육관 선수와 겨뤄보기 위해 수원에 있는 태풍체육관을 찾았다. 정민호 챔피언, 김두협 챔피언 등 프로복싱 전적을 가진 선수들이 모였다. 그들의 섀도복싱과 스파링을 보는 것만으로도 눈호강하는 날이다.

턱에 한 대 맞으면 모두 KO된다는 주먹을 가진 챔피언 일권이 형과 화려한 주먹 스킬과 회피 기술을 겸비한 챔피언 주영이 형, 이렇게 우리 체육관 에이스들이 글러브를 끼고 차례로 링 위에 올라 스파링을 했다. 놀라움에 입이 다물어지질 않았다. 챔피언급 선수들은 몇 초 안에 상대방의 움직임을 파악하고 몇 수를 내다 보며 회피하고 공격했다. 언제쯤이면 나도 그들처럼 할 수 있을까, 아니 더 잘하고 싶었다.

관장님이 나를 보며 말했다.

"황길, 헤드기어랑 글러브 끼고 저 선수하고 해봐. 챔피언급이라고 쫄지 말고 자신감 있게 해!"

다른 복싱장 선수와 그것도 챔피언급 선수와의 스파링은 처음이었다. 부족한 실력이지만 상대 선수를 한 번이라도 주먹으로 제대로 맞히고 싶었다. '현재는 네가 챔피언이지만, 금방 따라잡아줄게'라고 생각하니 긴장감은 설렘으로 바뀌고 아드레날린이 분출됐다. 관장님과 형들, 다른 선수들이 지켜보고 있었다. 잘하고 싶은 마음에 주먹을 꽉 쥐었다. 긴장이 온몸을 덮쳐 왔지만 딱 한 가지만 생각했다. '연습한 대로만 하자.'

첫 스파링 때는 온몸이 벌벌 떨릴 정도로 긴장했고 상대가 큰 산 같이 느껴져 눈앞이 캄캄했지만 지금은 달랐다. 그동안의 끈질긴 연습으로 긴장은 설렘으로, 두려움은 자신감으로 변했다. 상대의 눈빛이 헤드기어 사이로 보였고 그가 입은 옷도 보였다. 상대방이 보인다는 것은, 몇 수 앞을 생각하며 회피하고 공격할 수 있는 기회를 만들 수 있다는 뜻이며 실력이 한층 높아졌다는 증거다.

"땡!"

사각의 링 코너에서 서로 마주 보며 가운데로 나아갔다. 매너 있고 파이팅 넘치는 스파링을 하자는 의미로 눈인사를 나누고 두 손으로 서로의 글러브를 터치했다. 주먹이 오갔다. 산처럼 거대할 것 같았지만 주먹을 맞히다 보니 똑같은 사람이라 느껴졌고, 진짜 산이라도 뛰어 넘을 수 있을 것 같았다.

링 위에서 모든 힘을 쏟아부었다. 쓰러지지 않기 위해 힘을 주며 버텼던 다리는 중심을 못 잡을 정도로 휘청거렸다. 더 이상 낼 힘이 없어 상대방의 주먹에 맞아 쓰러지기 직전, 3분 2라운드 종료를 알리는 종이 울렸다. 상대 선수에게 감사하다는 인사를 하고 내려오는 도중 넘치던 도파민이 사라지며 다리가 풀려 주저앉았지만, 그만큼 연습했던 것들을 다 쏟아낸 것 같아 후회는 없었다. 관장님도 속으로 어느 정도 인정을 하신 모양이었다.

"황길이 너, 10월 3일 춘천 시합 나가라."

대부분은 최소 6개월에서 1년 동안 실력을 기르고, 일반인 생활체육 복싱대회를 나가 링 경험을 쌓은 뒤에야 프로로 데뷔한다. 이제 막 첫 원정 스파링을 경험했을 뿐 부족함이 여전히 많다고 생각했지만 관장님의 권유로 누구보다 빠르게 프로의 세계로 들어섰다.

그동안 수많은 선수들을 지도한 경험을 가진, 그리고 나를 믿어주는 관장님을 믿었다.

한 달 만의 데뷔전

 한 달 뒤로 데뷔전이 잡혔다. 기회가 왔다. 진짜 선수로 링 위에 선다. 딱 한 달 남았다.
 관장님께 정식으로 운동을 배웠다. 처음으로 손미트를 쳤는데 종아리로 관장님 발이 날아왔다. 가뜩이나 손가락 관절이 좋지 않은 관장님의 미트를 잘못 치는 바람에 대차게 욕을 먹으며 혼이 났다. 긴장됐다. 땀이 줄줄 흘러내렸다. 일주일에 두세 번은 형들과 스파링을 하며 상대 보는 눈을 길렀다. 당시 형들은 한국챔피언 결정전을 준비하고 있었기에 형들 옆에서 똑같이 샌드백을 치는 것만으로도 데뷔전을 위한 운동량은 충분했다. 매일매일 '오늘은 땀, 내일은 챔피언'이라는 관훈을 보며 체육관 바닥을 땀으로 적셨다.

드디어 계체량 당일, 68킬로그램의 체중을 맞추기 위해 75킬로그램에서 7킬로그램 정도를 감량해 통과했다. 상대는 고등학교 3학년, 185센티미터의 큰 키. 몸을 보니 상당한 운동을 한 티가 났다. 내 얼굴에 긴장이 묻어났는지 관장님과 형들이 한참 어린애한테 쫄지 말라고 했다. 그래도 긴장되는 건 어쩔 수 없었다. 스포츠는 나이가 많든 적든 상관없이 이기는 사람이 이기는 거다. 최선을 다하자 마음먹었다.

상대의 탄탄한 몸은 링 위로 쏟아지는 스포트라이트를 받아 근육 굴곡이 드러나며 더욱 빛이 났다. 오랜 운동으로 다져진 꽉 찬 몸이었다. 당장 내려가고 싶다는 충동이 들었다. 호흡이 가빠지고 상대가 또 거대해 보이기 시작했다. 심판이 링 중앙으로 우리 둘을 불러 세웠고 주의 사항을 알려줬다.

"자, 헤드버팅 조심하고, 로우블로 조심… 하….'

그의 말이 아득히 멀어졌다. 레프리가 내 손목을 들어 상대와 글러브 터치를 해주는 바람에 다시 정신이 돌아왔다.

"야! 임마! 황길! 쫄지 마!"

뒤에서 벼락 같은 고함이 들렸다. 흠칫 놀라 쳐다보니 그곳에 잔뜩 성질이 난 관장님이 소리를 지르고 있었다.

"야! 임마! 시작도 하기 전에 쫄면 어떡해! 정신 단단히 챙기고 해!"

그제야 작았던 볼륨이 갑자기 커진 것처럼 관중들의 함성 소리가 귀에 들어왔다.

"땡!"

시합 종이 울렸다. 그동안 수천 번 들어온 소리였지만 그날의 종소리는 유난히 날카롭고 길었다.

키가 큰 상대를 만나면 잽이 닿는 거리도 길어서 그걸 안 맞으려고 애매한 거리를 두게 되면 내 잽은 가닿지 않고 시합 내내 상대의 잽에서는 벗어날 수 없는 불리한 상황이 연출된다. 그래서 나는 그의 몸 안쪽으로 파고드는 전략을 짰다.

아니나 다를까 몸 안쪽으로 파고드니 상대는 뒤로 피하는 아웃복싱을 구사하며 잽을 날렸다. 쫓아가다가 그가 날리는 잽을 많이도 맞았다. 정신이 없었다. 그러자 코칭존에서 다시 고함이 들렸다.

"황길아! 쫓아만 가면 어떡해! 상대가 갈 길목을 미리 차단하고 들어가야지!"

나는 더 이상 쫓아 들어가지 않고 그가 이동할 길목을 막아선 뒤 재빠르게 몸 안쪽으로 파고들었다. 아까보다 더 많은 펀치가 쏟아졌지만 분명히 상대의 숨소리가 조금씩 거칠어지고 있었다.

"땡!"

1라운드 3분이 순식간에 끝났다. 코너로 돌아와 의자에 앉았다. 저 멀리 상대 선수가 보였다. 고작 1라운드가 끝났을 뿐인데 상대는 숨을 거칠게 몰아쉬고 있었다. '그래 뭔가 될 수도 있겠어. 다음 라운드에는 더 적극적으로 파고들어야겠다.' 관장님의 코칭도 다르지 않았다.

"상대방은 벌써 지쳤어. 길목을 잘 막고 속으로 파고들어 바디를 노리라고!"

"땡!"

다시 2라운드를 알리는 종소리가 시합장에 울렸다. '그래! 나가자! 할 수 있다!' 난 다시 상대의 길목을 막았다. 그러곤 틈이 보일 때마다 상대의 복부에 양 펀치를 꽂아 넣었다. 복부에 한 개 두 개 펀치를 허용하다 보면 자기도 모르게 동작이 느려지고 상대에게 잡혀버리고 만다. 마치 늪에 빠지는 것과 같다.

상대의 발이 확연히 느려졌다. 그 틈을 놓치지 않았다. 파고들어 원투, 다시 파고들어 원투. 훗날 사람들은 나에게 '터미네이터'라는 별칭을 지어줬다. 그건 보통 선수를 뛰어넘는 내 체력 때문에 붙여진 별명이다. 또 맞는 것에 아랑곳하지 않고 오로지 직진만 하는 내 복싱 스타일 때문이기도 하다.

나는 더이상 안쪽으로 파고들지 않았다. 스텝을 최대한 살려 안팎을 오가며 얼굴과 복부를 고루 공략하기 시작했다. 어느새 상대의 얼굴은 벌겋게 부어올랐고 쌍코피가 흐르기 시작했다. 하지만 상대도 오늘을 위해 죽을 힘을 다해 훈련을 받았을 터였다. 쓰러질 듯하면서도 쉽게 쓰러지지 않았.

어느덧 4라운드에 이르렀다. 상대도 끝까지 버티고 있었다. 나 역시 서 있기도 힘들 지경이었다. 두 다리에 커다란 추를 매단 것처럼 한 발 한 발이 무거웠다.

'탁탁!'

마지막 10초가 남았음을 알리는 소리가 들렸다. 순간 눈앞이 번쩍하며 아무것도 보이지 않았다. 상대가 날린 두 개의 주먹은 피했지만 마지막 주먹은 피하지 못한 것이다. 순간 다리가 휘청이며 힘이 풀렸다. 여지없이 주저앉을 판이었다. 그때 종이 울렸다.

"땡!"

하마터면 다운될 뻔했다. 순간의 방심으로 자칫 시합을 망칠 뻔했다. 나는 가까스로 중심을 잡고 코너로 돌아갔다. 관장님이 말했다.

"이제 판정이 날 거야. 결과 나오는 마지막까지 힘든 내색 하지 말고 링 중앙에 서 있어. 끝날 때까지는 끝난 게 아니야."

사실 서 있기조차 힘들었다. 아무리 연습을 많이 했어도 얼마 되지 않은 새내기 복서일 뿐이었다. 살 좀 빼려고 찾은 복싱체육관에서 불확실한 미래에 나를 맡겼다. 그게 전부였다. 그 후론 단순했다. 운동하고 또 운동하는 것뿐, 정답은 없었다. 지름길도 없었다. 하는 만큼 주먹이 빨라졌고 달리는 만큼 체력이 좋아졌다.

복싱을 통해 깨달은 건 '세상에 요행은 없다'는 사실이다. 운동을 하면서 요행을 바라는 사람을 많이 봤다. 좀 더 쉽고 빠른 길을 선택하려는 사람들은 여지없이 얼마 못 가 운동을 그만두거나 어이없는 상처를 입곤 했다. 오직 하나부터 열까지 성실하게 이겨낸 사람만이 성취라는 달콤한 열매를 얻었다.

복싱은 외로운 스포츠다. 종이 울리고 링 안에 들어서는 순간 사각의 링 위에는 오직 쓰러뜨려야 할 상대와 나, 둘뿐이다. 3분 동안 오로지 눈 앞의 딱 한 사람만 생각한다. 이 원초적인 룰을 난 어느 순간 사랑하게 되었다. 그곳엔 학벌도, 인맥도, 재력도 필요없다. "No Sweat, No Sweet(땀 없이 얻는 것은 없다)" 난 이 간단한 진리를 깊이 믿는다.

"자, 판정을 발표하겠습니다. 심판 전원 일치 3:0 판정승!"

그가 잠시 뜸을 들인다. 그리고 서서히 입을 열었다.

"블루 코너! 김황길 선수 승리!"

나의 오른팔이 하늘로 올려졌다.

누군가는 반드시 승리하고, 누군가는 반드시 패배하는 곳. 나는 세상에서 가장 공평하고 냉정한 복싱의 세계에 성공적으로 입성했다.

첫 일탈

"한번 이겼다고 그딴 식으로 운동하는 거야!"

데뷔전 다음날 한바탕 욕을 먹으며 운동을 시작했다. 데뷔전 끝나고 20일 뒤 또 시합이 잡혔다.

타이틀매치를 준비중인 형들과 같이 운동을 하다 보니 운동량은 상상을 초월했다. 갓 데뷔전을 치른 신인에겐 한 마디로 황새가 뱁새를 쫓아가는 셈이었다. 그 덕분에 나도 모르는 사이 기술과 체력은 급상승했다.

아침 6시 기상 후 두 시간, 낮에 두 시간, 저녁에 한 시간씩 운동을 했다. 깨어 있는 하루의 절반을 운동에 할애했다. 시합을 3일 남기고 운동으로 땀을 빼고 물을 먹지 않으니 계체량 몸무게에 도달했다. 이대로 버티면 성공이다.

계체량 전날엔 운동은 하지 않고 물도 밥도 먹지 않고 그냥 쉬었다. 시합 끝나면 먹을 치킨과 맥주 생각으로 갈증과 배고픔을 견뎠다. 어느덧 저녁이 되었다. 체육관에서 나와 집으로 향하는데 친구에게 전화가 걸려왔다.

"미래의 챔피언! 운동하느라 본 지도 오래됐는데 잠깐 만날까?"

데뷔전부터 두 번째 시합까지 쉴 새 없이 준비하느라 친구들 얼굴을 제대로 본적이 없었다. 다음날이 계체량 날이긴 하지만 잠깐 친구들과 수다 정도는 괜찮겠다 생각했다.

한 시간 뒤, 우린 이태원에서 만났다. 맥주 가게로 들어갔다. 들어가자마자 친구들은 치킨과 맥주를 시켜서 벌컥벌컥 마시며 앞에 있는 날 놀렸다. 고된 감량에 눈앞에 있는 시원한 맥주 한 잔을 벌컥벌컥 들이켜고 싶었다. 시원함이라도 느끼고 싶어 맥주잔을 잡아보려는데 친구가 말했다.

"안돼, 내일 계체량 날이고 모레는 시합인데 술 마시면 어떡해."

"맥주 한 잔 마시고 취권으로 시합을 이기는 모습을 보여 줄게."

친구는 완강히 말렸지만 지금 이 순간을 놓치고 싶지 않았다. 잠시 뒤 내 앞에는 어느덧 맥주 500cc 세 잔이 비워져 있었다. 잠시뿐이지만 너무 행복한 순간이었다. 뒤에 벌어질 일도 모르고.

아침에 일어나 보니 68.8킬로그램. 800그램 오버였다. 이대로면 계체 실패다. 바로 사우나로 갔다. 뜨거운 수증기 속으로 들어갔다. 물을 마시지 못하는 불지옥이 있다면 바로 여기가 아닐까 싶었다. 약 30분 정도를 버티니 수분이 다시 빠져서 목표 몸무게에 도달했다. 밖으로 나와 계체량 장소로 가는데 현기증이 났다. 느낌이 좋지 않았다.

도착해서 시합할 상대와 눈이 마주쳤지만 초점이 흔들렸다. 무거운 몸을 이끌고 겨우겨우 체중계에 올라갔다. 시합 전날 최상의 컨디션이 아닌 채로 겨우 계체량을 통과했다. 그 뒤에 수분을 보충하고 밥도 먹었지만 최상의 컨디션으로 돌아오지는 않았다. '내일 시합 때 이대로 링 위에 올라간다면….' 불안감에 마음이 요동쳤다.

    다음 날 시합장으로 향했다. 도착하자마자 시합용 트렁크로 갈아입었다. 관장님이 손에 시합 붕대를 감아줬다.

    "떨리냐? 왜 손에 힘이 없는 것 같냐."

    관장님 말에 죄책감이 밀려왔다. 그 말이 내내 머리를 떠나지 않았다.

    "1전 1스으으웅! 김황길! 입장!"

    1라운드 종이 울렸다. 연습한 대로 잽을 뻗으며 상대에게 다가갔다. 상대방의 주먹이 얼굴로 매섭게 날아왔다. 하지만 상관없었다. 분명 내가 더 열심히 운동했을 테니까. 몸을 흔들며 들어갔다.

    "땡."

    1라운드가 끝났다.

    '왜 이렇게 힘든 것 같지?' 이상하리만치 몸이 무거웠다. 맞지 않아도 될 펀치를 적지 않게 허용했다. 의아한 생각이 정리되지 않았는데 벌써 2라운드를 알리는 종소리가 울렸다.

    호흡이 힘들었다. 어쩌다 생긴 클린치 상황에서 어깨를 써서 상대방의 턱에 가격하는 반칙까지 써버렸다. 심판의 주의를 받고 점수도 깎였다. 그렇게 3라운드가 끝나고 의자로 돌아와 마지막 라운드를 기다리는데 옆에서 하는 관장님 말은 하나도 안 들리고 혼자만의 생각에 빠졌다. 심장이 내려앉았다. 어제의 일이 떠올랐다. '선수가 절대로 해선 안 될 짓을 해버렸구나….'

잘못을 뉘우치기에는 부족한 시간. 4라운드가 곧 시작될 판이었다. 속으로 '이 시합은 졌다'라고 생각했다. 책임은 져야 했다. 내가 하겠다고 나선 일이다. 우울감에 빠져 포기하고 그만한다면 상대 선수에게도 또 이 시합을 열어준 프로모터와 도와준 관장님과 선배들한테도 예의가 아니다. '힘을 최대한 끌어올려 최선을 다하자.' 그렇게 생각하는 순간 마지막 4라운드 시작종이 울렸다.

막상 몸이 마음대로 되진 않았다. 헛스윙이 늘어서 상대 머리 위로 주먹이 날아갔고, 맞으면 안 된다는 생각에 몸을 움츠리느라 상대의 주먹을 보지 못했다. 결국 정타를 더 많이 허용했고 그렇게 4라운드가 끝났다. 심판의 판정 시간이 다가왔다.

"심판 전원 일치 3:0 판정승. 홍 코너 신기원 선수 승리!"

그래!
이 패배를 기억하겠어

심판이 상대의 손을 들었을 때 내 오른팔은 허벅지에 그대로 닿아 있고, 고개를 들 수 없고, 심장은 내려앉는 것 같았다. 고생했다고 등을 다독여주는 형들과 '그것밖에 못하냐'라는 표정의 관장님한테 할 말이 없었다. 경기를 보러온 친구들과 관객들도 잘했다고 고생했다고 했지만 상실감과 허탈함 때문에 화까지 났다. 티를 낼 순 없었다. 내 잘못이었으니까. 뭣도 모르고 시합 전에 자기 관리를 못 한 탓이니까. 바보 같은 자식.

터벅터벅 걸어가 대기실 의자에 앉았다. 복싱화를 벗어서 벽에 던져버리고 싶었지만 여기서 화를 내면 나 자신한테까지 질 것 같은 느낌이라 참았다. 손에 감긴 붕대를 푸는데 멀리서 트로피와 꽃다발을 들고 가족들과 사진을 찍는 신기원 선수가 보였다. 승리한 선수의 얼굴에 피어난 웃음꽃이 손에 든 꽃보다 더 아름다워 보였다. '좋겠다.' 분명히 나도 데뷔전에는 저렇게 웃고 있었겠지. 패배한 상대는 그런 나를 보며 지금 내 기분이었겠구나. 다 푼 붕대를 버리지 않고 봉투에 싸서 그대로 가방에 넣었다. '이 패배를 기억할 거야. 다시는 패하지 않겠어.'

정리를 하고 집에 돌아와 침대에 누웠다. 머릿속에서 심판이 상대 손을 들어준 장면이 쉽게 지워지지 않았다. 과거로 돌아가 다시 링 위에 서고 싶었다. 하지만 결과는 똑같을 것이다. 과거의 나는 여전히 선수가 하지 말아야 할 잘못을 깨닫지 못했을 테니까. 지금은 곧 과거가 된다. 미래는 곧 현재가 될 것이다. 후회해 봐야 나는 과거로도 미래로도 갈 수 없다. 현재를 살아갈 뿐이다. 지나간 일은 그냥 인정하자. 잘못을 빨리 인정하고 다시는 잘못을 반복하지 않도록 깨닫고 노력하는 편이 좋겠단 생각이 들었다.

 선수라면, 아니 모든 사람에게 인정받을 만한 훌륭한 선수가 되려면 자기 자신과의 싸움에서 이겨야 한다. 난 지금 복싱 선수다. 스피드, 파워, 근육, 힘 모두 엄청난 트레이닝의 과정을 거쳐 완벽해지더라도 단 하나, 기본이 되어 있지 않으면 아무 의미가 없다. 술은 근육을 망가뜨리고, 담배는 폐를 망가뜨린다.

 한국챔피언이란 목표가 생기면서 떨리는 심장을 믿고 시작한 복싱이었다. 꿈을 이루면 무엇보다 기쁠 것이다. 게다가 앞으로의 배우 인생에서 한국챔피언이란 경력이 얼마나 중요할지 알고 있었다. 이겨내지 못할 거면 시작도 하지 말았어야 했다. 다시 한번 나는 나와 약속했다. '유혹에 빠져 자신한테 지지 말자. 내 꿈은 한국챔피언이야!'

 오후 7시가 되자 창문 너머로 저녁 노을이 드리워졌다. 지는 해가 나에게 말해주는 것 같았다. '오늘도 고생했어. 내일은 더 환하게 웃어줄게. 힘내. 내일은 더 좋은 날이 기다릴 거야.'

 내일부터는 매일 새로운 햇살과 인사할 것이다.

어린 시절

엄마 품이 필요한 아이

아빠는 늘 두려운 존재였다. 아빠와는 단 한 번도 행복했던 기억이 없다. 호기심에 담배로 장난을 쳤다가 아빠한테 다짜고짜 얻어맞고 발가벗긴 채 집 밖으로 내쫓겨 수치스러운 감정을 처음 느낀 열두 살. 피시방에 가고 싶은데 돈이 없어 아빠 지갑에 손을 댔다가 들켜서 또 발가벗겨진 채 쫓겨난 아픈 기억. 아빠의 반복된 체벌과 엄마 품에 안겨 눈물로 엄마 옷을 다 적신 열네 살.

어느 날 갑자기 집에 빨간 딱지가 붙고 전화기 너머로 들리는 아빠의 고성, 엄마와 아빠가 싸우는 소리를 뒤로 하고 여동생 손을 잡고 방에 들어가 귀를 막아버렸다. 할 수 있는 건 없고 아빠에 대해 답답한 마음만 커지던, 키만 훌쩍 커버린 열다섯 살. 자주 취하고 식탁을 엎어버리던 아빠와 눈물을 훔치며 바닥에 엎어진 찌개를 행주로 치우던 엄마의 뒷모습을 본 열여섯 살…. 그리고 나는 스무 살이 되던 날 아빠를 마음속에서 버렸다.

4학년 때였다. 집에 와서 초인종을 눌렀지만 아무도 없는 것 같아 메고 있는 열쇠 목걸이로 문을 열었다. '야옹'하며 반겨주는 고양이 나비한테 혀를 길게 빼서 '야옹' 소리를 내며 똑같이 반겨줬다. 집에 아무도 없으니 나비도 외로웠나 보다. 서랍장에서 꺼낸 장난감 레이저 빛으로 나비와 함께 방안을 뛰어다니며 함께 놀았다. 레이저가 장롱 속 옷걸이를 비추는 순간 나비가 뛰어올라 아빠 청바지를 떨어뜨렸다. 주머니에서 디스플러스 담배 한갑이 툭 떨어졌다. '이게 뭐지? 아… 아빠가 불로 지져서 입으로 내뿜는 장난감이다!' 아빠랑 똑같이 해보고 싶어서 담배 하나를 꺼내서 가스레인지로 가져갔다. 담배에 불을 붙이니 이상한 냄새가 나는 연기가 집안 구석구석 퍼져나갔다. 나비는 그 냄새가 싫었는지 현관 쪽으로 달려갔고 그 순간 문이 열렸다. 한 손으로 연기 나는 담배를 든 채로 아빠와 눈이 마주쳤다.

원래도 무서웠던 아빠 눈이지만 그날은 마치 악마의 눈 같았다. 인상을 잔뜩 찌푸리며 신발을 던져버리더니 뭐라도 집어던질 듯 손을 올리며 다가오는 모습이 마치 거대한 악마가 다가오는 것 같았다. 뒷걸음질치며 물러나려는데 그보다 더 빠르게 와서는 담배를 낚아채 싱크대에 던져버리더니 내 머리를 때리고, 머리채를 붙잡고, 목을 뒤틀었다. 나는 눈을 질끈 감았다.

"옷 벗어." 아빠의 화난 낮은 목소리에 나는 털도 나지 않은 작은 고추가 다 보이도록 옷을 벗었다. "나가." 문을 열고 나갈 수밖에 없었다. 담벼락 밖으로 지나다니는 사람이 보였다. 담벼락 뒤로 몸을 숨기고 쭈그려 앉았다. 수치스러웠다. 아무에게도 보이기 싫었다. 무서웠다. 바로 옆에 냄새 나는 큰 쓰레기통을 담벼락에 붙이고, 아무도 날 보지 못하게 두 팔로 다리를 감싸고 차가운 바닥에 발가벗겨진 엉덩이를 대고 웅크려 앉았다. 웅크리고 있는 무릎 사이 맨발로 떨어지는 눈물이, 차가운 시멘트 바닥에 커다란 물자국을 만들었다. 문을 두드리며 들여보내달라고 소리치고 싶었지만, 그냥 아빠가 보기 싫었다.

얼마나 시간이 흘렀을까. 발자국 소리가 들렸다. 쓰레기통 뒤에 바짝 웅크려 있던 몸을 일으키자 다리가 저렸다. 내 모습이 보일까 고개만 살짝 들어 담벼락 아래를 내려다봤다. 대문이 열렸다. 엄마다. 눈이 마주쳤다. 엄마가 뛰어올라온다. 내 앞에 무릎을 꿇고 앉아 두 팔을 벌리며 눈물 자국으로 뒤범벅된 내 얼굴을 어루만지며 꽉 끌어안아줬다. 그대로 엄마 품안에 얼굴을 묻으니 너무 따뜻했다. 더욱더 눈물이 쏟아졌다.

처음으로 가출한 날

늦은 저녁 아빠가 우당탕탕 요란한 소리를 내며 집에 들어왔다. 예상대로 취한 아빠는 침대에 그대로 드러누웠다. 잔소리를 하면서도 양말도 벗겨주고, 식어버린 찌개를 끓여

식탁에 올리는 엄마가 대단하면서도 짠하게 느껴졌다. 아빠가 비틀거리며 나와 식탁에 앉았다. 끊임없이 잔소리를 하는 엄마와 아무 말 없이 숟가락을 드는 아빠 사이에 잠시 정적이 흐르는가 싶더니 '쨍그랑, 쿠당탕탕!' 요란한 소리가 들려왔다.

방문을 살짝 열고 내다보니 고기와 스팸이 바닥에 널부러져 있고, 빨간 국물이 냉장고에 튀어 핏자국 같았다. 각종 반찬들이 깨진 그릇과 함께 사방에 널부러져 있었다. 여느 때처럼 고성이 오갔다. 잠시 후 소리를 지르며 방으로 들어가버리는 아빠와 널부러진 음식과 그릇을 치우는 엄마. 식탁에 앉아 우는 엄마를 보고는 화가 나서 참을 수가 없었다.

거실에 나가 집이 떠나가도록 소리를 질렀다. 아빠가 나왔다. 어릴 때처럼 무섭지는 않았지만, 어릴 때 발가벗겨져 쫓겨난 트라우마가 있어선지 괜히 움츠러들었다. 그래도 할 말은 하고 싶었다. 아빠는 엄마를 사랑하지 않냐고, 왜 술 먹고 와서 난리를 피우냐고 소리를 질렀다. 나는 그대로 침대로 끌려갔고 주먹이 얼굴로 날아왔다. 아팠다. 술에 취해 힘을 제대로 못 쓰는 아빠를 확 밀쳐버렸다. 발로 문을 부서져라 걷어차며 욕을 했다.

"아들을 때려? 어떻게 그럴 수 있어? 그러고도 아빠야? 씨발, 다 필요 없어!"

밖에 나와 길을 걸었다. 소리를 지르고, 욕을 하고, 문을 박살내고 나왔더니 속이 뻥 뚫리는 기분이었다. 슬슬 화가 나면서 슬프고 외로웠다. 돌아가면 무슨 일이 벌어질까 두렵기도 했다. 핸드폰의 친구 목록 제일 첫 번째에 있는 영수한테 전화를 걸었다.

"나 가출했다. 오늘 너네 집에서 잘 수 있냐?"

첫 가출이었다.

친구를 너무 좋아하지만
지고 싶지는 않아

한여름의 뜨거운 태양이 저물기 시작하는 주말 오후 휴대폰에 메시지 알람이 울렸다. '황길아, 같이 축구 하러 가자.' 나는 이불을 박차고 일어나 냉장고에서 시원한 물을 꺼내 벌컥벌컥 마시고 잽싸게 운동복으로 갈아입고 축구화를 챙겼다. 마침 집에서 할 것도 없었는데, 나를 불러준 친구들과 만날 생각에 신이 나서 축구화 가방을 빙빙 돌리며 한걸음에 달려갔다.

기다리던 친구들이 저 멀리서 빨리 오라고 소리치며 반겨줬다. 잠깐 멈춰서 태권브이 자세를 잡으니 친구들이 깔깔대며 웃었다. 나는 친구들이 웃는 게 좋아 더 엉성하고 바보 같은 자세로 달려갔다. 만나자마자 친구들은 옷 좀 보라며 놀렸다. 급히 나오느라 티셔츠를 거꾸로 입은 줄도 몰랐다. 길거리에서 당장 웃통을 벗고 갈아입는 내 모습에 친구들의 웃음소리는 더 커졌고 나는 더 신이 났다. 그렇게 우리는 왁자지껄 웃으며 풋살장으로 향했다.

축구화를 꺼내 신고 몸을 풀었다. 4:4로 팀을 나눴다. 진 팀은 음료수 사기. 제일 친한 영주는 상대팀이었다. 즐겁게 페어플레이 하자고 말하며 마주 서서 악수를 했다. 하지만 말과는 다르게 마주 잡은 손에 힘이 빡 들어갔고 눈빛은 승리에 대한 열망으로 이글거렸다. 나는 아무리 친구들과의 게임이라도 지는 건 싫었다. 그건 영주도 마찬가지였나 보다.

전반전까지는 마냥 즐거웠다. 드리블하다가 넘어지면 웃고, 골 넣고 놀리면서 웃고, 뛰어다니다 지쳐도 웃었다. 후반이 시작되고 점수 차이가 나기 시작하자 영주의 몸싸움이 약간 거칠어졌다. 팔을 잡고 껴안기도 했다. 반칙을 하니 짜증이 났고 나도 똑같이 갚아줬다. 이길 생각에 매서운 눈빛으로 바뀌었다. 놀랍도록 집중한 결과 결국 우리 팀이 이겼다. 끝나고는 다시 태권브이 자세를 잡으며 놀렸다. 웃음 대신 어색한 정적이 흘렀다…. 사진이나 찍고 음료수 먹으러 가자는 현중이의 말에 다 같이 어깨동무를 하고 카메라를 바라보는데 카메라에 비친 영주의 자존심 상한 표정이 마음에 걸렸다.

마음은 여리고 주먹은 강한 아이

침대에 얼굴을 파묻은 채 엎드려 있었다. 아침밥 먹으라는 엄마 잔소리에 문을 팍 열고 거실로 나갔다. 의자에 앉아 꾸역꾸역 밥을 먹었다. 거실 한쪽에 말끔하게 잘 다려진 교

복이 보였다. 그날은 졸업식날이었다. 이제 더는 볼일 없는 교복을 입고 거울을 보았다. 헝클어진 머리, 웃음기 없는 얼굴, 억지로 먹은 밥 때문에 더부룩한 배를 보자 주먹으로 거울을 깨버리고 싶었다. 부모님과 함께 학교로 가면서 휴대폰을 꺼내 한 달 전 친구들과 나누었던 메시지를 보았다. '친구야, 뭐해?' 마지막 내 문자에 한 달째 아무도 답이 없었다.

'띠리링, 띠리링' 교실 안에 앉아 있는데 친구들의 핸드폰은 메시지 알림으로 조용할 틈이 없었다. 조용하기만 한 내 휴대폰을 혹시나 하는 마음에 자꾸 만지작거렸다. 교실 TV가 켜졌다. 교장선생님의 훈화 말씀과 졸업 앨범 수여식이 끝나자 친구들은 삼삼오오 모여 함께 사진을 찍기 시작했다. 교실 창문 너머로 지켜보는 엄마아빠한테 책상에 우두커니 혼자 앉아 있는 모습을 보이는 게 죽기보다 싫었다.

어깨를 축 늘어뜨린 채 복도를 걸었다. 그때 불알친구 영수가 멀리서 뛰어왔다. '나랑 같이 사진을 찍으러 오는 건가?' 미소가 나오려는데 나와 눈이 마주치자 잠깐 멈칫하던 영수는 그대로 다른 친구가 있는 교실로 달려갔다. 심장이 내려앉았다.

운동장에는 졸업한 친구들이 옹기종기 모여 시계탑 앞에서 어깨동무를 하고 환하게 웃으며 꽃다발을 들고 함께 사진을 찍고 있다. 오늘따라 유난히 밝은 햇빛이 그들의 미소를 더 환하게 비춰주었다. 내 옆엔 왜 아무도 없을까. 그들과 눈이 마주칠까 봐 고개를 푹 숙이고 걸었다. 학교를 빨리 벗어나고 싶으면서도 나도 친구들에 둘러싸여 사진을 찍으면 좋겠다는 바람을 못 놓겠는지 정작 발걸음은 나무늘보처럼 느렸다.

그날따라 학교 정문까지 이어지는 내리막길이 너무나 길게 느껴졌다.

"너 무슨 일 있니?"

엄마의 질문에 고개를 저었다. 그냥 혼자 감내하고 싶었다. 꽁꽁 숨기고 싶었다. 친구들과의 조각나버린 관계를. 자꾸만 울고 싶어지는 여린 내 마음을.

학교를 벗어난 후에도 휴대폰 알림은 울리지 않았다.

2장

최소 연차
복싱챔피언

챔피언이 되다

2017년 12월 31일 한국챔피언 타이틀 매치. 도망칠 곳 없는 사각의 링 한가운데서 상대 선수와 마주 섰다.

"낭심 공격 금지. 페어플레이 하길 바랍니다. 자, 글러브 터치!"

심판의 말이 끝나고 링 코너로 돌아와 상대방을 봤다. 긴장감에 몸이 떨리기 시작했다. 종이 울렸다.

"땡!"

1라운드가 시작되자마자 상대방의 주먹이 매섭게 날아왔

다. 움찔했다. 뒷걸음질치며 물러났다. 3분 동안 공격 한 번 제대로 못 하고 도망치고 방어하기를 반복했다. 1라운드가 끝나고 쉬는 시간, 지난 번 패배 후 관장님이 한 잔소리가 뇌리를 스쳤다.

"야! 이 개X끼야! 네가 그렇게 하니까 시합에서 진 거 아니야! 누가 너한테 선수 하라고 시켰어? 챔피언 되고 싶다고, 선수 하겠다고 한 건 너 아니야? 그렇게 약한 정신력이랑 주먹으로 뭘 하겠다고! 그게 네 한계면 당장 포기해. 그만둬도 아무도 뭐라 안 하니까! 진짜 챔피언 되고 싶으면 정신 똑바로 차려! 상대방을 보면서 방어를 해! 강하게 공격하란 말이야! 이 멍청한 새끼야!"

감정의 한계, 인내심의 한계, 사고의 한계, 나의 구석구석을 비추며 내가 얼마나 부족한 인간인지 낱낱이 알려주는 것으로 매일 새롭게 생기는 벽을 또 매일 부술 수 있도록 독려해준 관장님이 옆에 있었다.

그렇다. 오늘 난 움찔대고 패배하기 위해서가 아니라 챔피언이 되기 위해 링에 올랐다. 훈련 때 관장님께 듣는 따끔한 잔소리와 매질에 비하면 상대가 던지는 주먹은 아무것도 아니다. '패배'란 단어는 갖다 버렸다.

  2라운드가 시작됐다. 사각의 링 안에서 변화를 일으킬 수 있는 사람은 오직 나뿐이다. 호흡을 가다듬고 가드를 단단히 붙이고 몸을 좌우로 가볍게 흔들며 상대의 눈을 노려보며 앞으로 나아갔다. 모든 공격을 방어하며 그동안 연습했던 빠른 잽으로 공격해 들어가자 달라진 나의 공격에 당황했는지 상대가 주춤거리며 코너에 몰렸다. 기회를 놓치지 않고 레프트 훅을 날렸다. 레프트 바디를 공격하며 압박했다. 상대의 가드가 점점 내려갔다. 눈동자가 흔들리고 자세가 무너지면서 상대는 공격의 전의를 잃기 시작했다. 그 틈을 놓치지 않고 공격을 몰아붙였다. 그때 상대 코너에서 흰 수건이 날아왔다. 심판이 손을 갈랐고 '승리'의 종이 울렸다.

  두 손을 번쩍 들고 함성을 질렀다. 눈물이 났다. 링 줄에 매달려 얼굴을 두 손으로 감쌌다. 땀과 섞인 눈물이 글러브 위로 흘렀다. 슈퍼라이트급(63.35킬로그램) 타이틀매치에 체중을 맞추기 위해 10킬로그램이나 감량하면서 물 한 모금 제대로 마시지 못했다. 수분을 빼기 위해 땀복과 패딩을 입고 샌드백을 치고 한강을 뛰다가 이대로 죽을까 싶었던 순간이 떠올랐다.

이건 기쁨, 희열, 행복의 눈물이 아니라 챔피언이 되기 위한 처절함의 과정을 참아내며 자신과의 싸움에서 이긴 눈물이다.

스물여섯 살에 처음 시작한 복싱. 살면서 주먹 한 번 휘두른 적 없던 사람이 복싱 챔피언이 되는 일은 내가 평생에 걸쳐 쌓아온 거대한 벽을 한번에 부수는 일이었다. 하지만 해냈고 꿈을 이뤘다. 더 행복한 것은, 챔피언이 되기 위해 견뎌낸 과정 안에서 찾은, 마음먹은 일이 있다면 행동을 해야 한다는 깨달음을 얻었단 사실이다.

누구나 할 수 있지만,
아무나 할 수 없다

프로복싱계에 데뷔한 지 1년 2개월 만에 한국 슈퍼라이트급 챔피언이 되었다.

단 한 번의 패배 후 핑계를 찾을 시간에 글러브를 꼈고 샌드백을 두드렸다. 지금 당장 최선을 다할 수 있는 것에 최선을 다했다. 반복해서 '난 무조건 되는 사람이다'를 되뇌며 동기를 부여했고 한계를 정하지 않았다. 'just do it' 그냥 했다.

사람들은 실패 후 불평불만을 늘어놓는다. "성공한 사람들은 재능이 뛰어난 거야", "내가 어떻게 성공을 하겠어", "난 운도 지지리도 없어" 스스로 자존감을 떨어뜨린다. 실패를 실패로 남길 것인지, 실패를 성공을 위한 기회로 삼을 것인지는 다음 행동에 달려 있다. 실력과 경험을 쌓고 싶으면 지금 당장 움직여야 한다.

시합에서 패배하고 바로 다음날 나는 운동화를 신고 한강을 뛰러 나갔다. 행동은 간절함의 그래프다. 난 더 이상의 패배를 원하지 않았고, 한국에서 최고의 복싱 선수가 되고 싶은 간절함으로 훈련의 과정에 임했다. 나보다 뛰어난 선수들을 따라잡고 이기기 위해, 챔피언이 되기 위해, 오직 복싱에만 삶을 쏟아야 했다. 그동안 좋아하던 술과 담배를 끊고, 친구들과 약속도 잡지 않고, 명절 연휴도 반납하고 체육관에 나갔다.

한국 타이틀 매치는 3분씩 총 10라운드다. 즉, 30분 동안 체력을 총동원해서 싸워야 한다. 모든 훈련을 30분에 맞췄다. 달리기 30분, 섀도복싱 30분, 스파링 30분, 샌드백 30분. 그렇게 약 두 시간가량의 운동이 수없이 반복됐다.

온몸의 체력이 다 소진되면 죽는 것이 더 낫겠다 싶을 만큼 힘들었다. 저녁에는 무서워서 잠이 오지 않을 지경이었다. 다음날 혹독한 훈련이 또 기다리고 있었기 때문이다. 그때마다 생각했다. '지금 포기하면 꿈도 인생도 포기하는 거야. 지금 당장 하자.'

챔피언이 되고 제일 처음 떠오른 건 배우 프로필에 드디어 의미 있는 한 줄을 적을 수 있게 되었단 사실이었다.

이제 배우 생활로 돌아갈 때가 되었다.

배우로 돌아갈 시간

    1년 3개월 만에 컴퓨터를 켜고 배우 프로필 파일을 눌렀다. 깨진 거울로 봤던 내 모습이 담긴 사진들은 다른 파일로 옮기고, 복싱을 하며 다져진 몸과 정신이 새겨진 사진들로 바꿨다. 경력에 한 줄을 적어 넣었다.

KBC 한국 슈퍼라이트급 챔피언 김황길

    꿈을 이뤘다. 벅차오르는 감동에 눈물이 날 것 같았다. 훈련 과정이 주마등처럼 스쳐 지나갔다. 링 위에서의 승리를 위해 매일 자신의 한계를 뛰어넘는 고난하고 고독한 훈련을 견뎠다. 그 시간들이 있기에 난 더욱 강건해졌고 '무엇이든 이뤄낼 수 있다'는 마인드를 가질 수 있게 되었다.

마음속 깊이 묻어둔 또 다른 꿈이 꿈틀거렸다. 어떻게든 발버둥을 치면 앞으로 나아갈 수 있을 것 같은 확신이 들었다. 강인한 몸과 마음을 선물해준 '복싱'이라는 하나의 삶을 끝내고, 이제는 '배우'의 삶을 시작하고 싶었다.

방 한구석에 쌓아둔 연극 대본을 펼쳐 읽었다. 무대에 올랐던 과거를 회상했다. 예전엔 불안함이 늘 따라다녔다. 분명 연습 부족이었고 완벽함만을 추구했기 때문이었다. 완벽에는 끝이 없다. 링에 오르고 알았다. 중요한 건, 완벽 자체가 아니라 완벽에 가까워지기 위해 끊임없이 배우고 성장하려는 태도다. 이제는 완벽한 배우가 아닌, 배움을 멈추지 않고 매일매일 끊임없이 성장하는 배우가 되고 싶었다.

관장님께 나의 새로운 꿈을 말씀드리기 위해 체육관으로 향했다. 가는 길에 벌써 추억이 된 불과 얼마 전의 일들이 떠올랐다. 숨을 헐떡이며 계단을 오르던 기억, 첫 스파링의 매운 맛, 고된 훈련들, 챔피언이 되기까지의 모든 과정들.

체육관에 도착하니 샌드백 치는 소리, 줄넘기 소리, 관장님의 잔소리와 고함소리 모두 여전했다. 막상 떠날 생각을 하니 마음 한구석이 아려왔다. 지도를 끝내고 자리로 돌아와 바로 복싱 유튜브 영상을 트는 관장님 옆에 앉았다. 24시간 복싱 생각만 하며 늘 선수들 시합 영상을 분석하는 관장님도 변함이 없었다. 날 챔피언까지 오르게 만들어준 관장님께 복싱을 그만두고 배우로 돌아가겠다는 말을 하기가 쉽지 않았다. 긴 호흡을 내쉬며 말을 꺼내려는 순간 관장님이 의자를 돌려 나를 쳐다봤다.

"황길아, 필리핀 선수랑 메인 시합 한번 해라. 얘 상대는 너밖에 없다."

굳은 다짐을 하고 갔건만, 다짜고짜 메인 시합을 하라는 관장님의 카리스마에 나는 알겠다고 엉겁결에 승낙을 해버렸다. 집으로 돌아오는 길에 곰곰이 생각해보니, 어느새 복싱이 내 마음 깊숙이 파고들었음을 부인할 수 없었다.

그렇게 난 다시 링 위에 오르기 위한 훈련에 들어갔다.

진짜 내가 있어야 할 곳

 새벽에 일어나 달리고, 오후에는 샌드백을 두드리는 복서의 삶이 다시 시작되었다. 그리고 필리핀 선수와의 시합에 나가 승리를 거두었다. 기뻤다. 하지만 챔피언이 되었을 때의 희열엔 미치지 못했다. 혹시 마음 한켠에 자리잡고 있는 배우로 서는 무대에 대한 그리움 때문은 아닐까 싶어 마음이 복잡했다.
 관장님은 벌써 다음 시합을 잡았다. 시키는 대로 열심히 운동하고 원하는 성과를 내는 나를 보며 복서로서 더 높은 곳까지 올려주고 싶어 하는 관장님의 열의가 느껴졌다. 다음은 일본 선수와의 시합이었다.

　나에겐 고민할 시간이 필요했다. 지금의 결정이 나중에 어떤 결과로 나타날지 모르기 때문에 더 신중해야 했다. 복싱이냐 연기냐 그것이 문제였다. 하나라도 내려놓기가 쉽지 않았다. 무엇이든 최고가 되고 싶었다. 복싱을 선택한다면 세계챔피언, 연기를 선택한다면 대한민국 최고의 배우가 되고 싶었다.

　애초에 몸을 만들고 배우 프로필에 '한국챔피언' 타이틀을 넣기 위해 시작한 선수 생활이었다. 최선을 다했고 누구보다 열심히 했다고 자부했다. 이제는 '번아웃'이 온 것 같기도 했다. 타이틀을 따고 바로 배우로 돌아가고 싶었지만, 관장님의 제안으로 한 번 더 시합을 준비하면서 조금은 지친 것도 같았다. 복싱보다 연기 쪽으로 저울이 기울었다.

　"관장님, 이제는 배우로 돌아가고 싶습니다."

　겉으론 차가워 보여도 속으론 남들이 흘린 말도 허투루 듣는 법이 없는 관장님의 표정에 눈에 보일 정도로 실망감이 드러났다. 눈도 마주치지 않고 알았다고 하더니 고개를 휙

돌리고 어딘가로 전화를 걸었다. 나와 시합을 하기로 한 일본 선수의 상대는 다른 선수로 대체했다고 알려주었다. 감사하고 죄송하다는 말씀을 드렸다. 일단 체육관 일을 대신 할 코치를 구하기 전까지만 남아 있기로 했다.

마음이 홀가분하면서도 공허했다. 연기를 다시 시작하는 것도 쉽지 않았다. 대본 하나를 꺼내 읽는데 처음부터 연기를 다시 시작하는 느낌이 들면서 '복싱을 그만두는 내 결정이 과연 맞는 걸까' 고민이 들기도 했다. 하지만 이제는 극복하는 방법을 안다. 목표한 바를 이루기 위해서는 하루하루 최선을 다해 살면 된다. 힘든 순간이 찾아오겠지만 그건 과정일 뿐인 것도 안다. 아픔의 무게를 견뎌내고 이겨내는 시간은 분명히 나를 성장시킨다. 그리고 어떠한 무게든 버틸 수 있다. 난, 챔피언이니까.

"연극은 인생을 모방한다."

셰익스피어의 햄릿 대본을 펴고 연극을 통해 인간의 삶과 죽음을 고찰하는 햄릿의 대사를 읊었다. 한 번 읊고 또 한 번 읊었다. 공허함이 사라졌다. 이제 내가 있어야 할 곳은 연극 무대다.

원래대로라면 일본 선수의 상대는 나였으니까

　새로운 시작에는 실패나 어려움이 따르기 마련이다. 복싱을 통해 더 정확히 알게 되었다. 배우가 되려면 다시 바닥부터 시작해야 했지만 꿈에 대한 목표와 가치를 다시 한 번 생각하고, 복싱을 통해 얻은 값진 경험들을 토대로 열정을 다해 무대에 오르기로 다짐했다. 챔피언이 되기 위해 매일 샌드백을 두드렸던 것처럼, 최고의 배우가 되기 위해 매일 대본에 있는 대사를 읽고 또 읽었다.
　코치가 구해지기 전이라 체육관에 나가는 일상은 여전했

다. 골목길을 지날 때마다 나약한 나를 비추던 깨진 거울을 바라보던 일이 떠올랐다. 그럴 때면 늘 다짐했다. 다시는 그때처럼 나약해지지 않으리라. 선수 생활을 그만두자 운동에 대한 부담과 스트레스가 싹 사라지면서 체육관으로 향하는 발걸음이 가벼워졌다. 챔피언의 힘으로 이제 성장이 더 필요한 배우의 길을 가리란 생각을 하며 걸었다.

체육관 앞이었다. 그런데 뭔가 이상했다. 샌드백 치는 소리, 줄넘기 소리가 안 들리고 조용했다. 안으로 들어가니 관장님과 형들이 심각한 표정으로 이야기를 나누고 있었다. 일본 선수와의 시합에 나 대신 뛸 선수를 구했는데 그 선수에게 문제가 생겼다고 했다. 시합까지 열흘밖에 안 남은 상황이라 이미 준비를 다 마친 일본 선수에게 취소를 말할 수도 없는 상황이었다.

제일 먼저 떠오른 생각은, 내가 만약 일본 선수라면, 그런데 이제 와서 시합을 취소해달라고 하면 얼마나 화가 날까였다. 그는 이 시합을 위해 피나는 연습을 했을 것이다. 하고 싶은 것, 먹고 싶은 것을 다 절제하고 몸 만들고 멘탈을 다잡는 데 온 신경을 썼을 테다.

선수의 의지가 꺾이는 건 패배 때문이 아니다. 자신이 갈고닦은 실력을 선보일 기회조차 없을 때다. 패배는 내 부족함을 인정하고 더 높은 곳을 향해 나를 담금질할 기회라도 되지만, 기회조차 없는 선수는 삶의 의욕마저 떨어진다는 사실을 나는 누구보다 잘 안다.

원래대로라면 일본 선수와 시합할 선수는 애초에 나였지 않나. 순간 두근거림이 느껴졌다.

"제가 하겠습니다."

나도 모르게 말이 튀어나왔다. 생각과 동시에 제멋대로 나온 말이었다. 순간 화색이 도는가 싶더니 다시 포커페이스로 돌아간 관장님이 입을 열었다.

"괜찮겠냐? 열흘 남았는데."

"네. 진짜 마지막 시합이라 생각하고 꼭 이기고 연극 무대로 돌아가겠습니다."

말이 쉽지, 하겠다고 말해놓곤 머릿속이 복잡해졌다.

판을 바꾸다

80년대까지만 해도 장정구, 유명우, 박종팔이라는 기라성 같은 선수들을 배출한 한국은 세계적인 복싱 강국이었다. 당시에는 일본이 한국 복싱을 따라잡기 위해 수없이 도전했지만 헝그리 정신으로 무장한 한국 선수를 이길 수가 없었다. 그때는 '한국챔피언'이 되면 '동양챔피언은 따 놓은 당상이다'라는 말이 있을 정도였다.

그랬던 것이 현재는 우리나라에 단 한 명의 세계챔피언은 물론 동양챔피언도 없다. 한국 뒤만 따라오던 일본이 장정구 선수와 겨뤘던 오하시 히데유키의 제자, '이노우에 나오야'라는 세계챔피언을 앞세워 복싱 강국으로 올라선 지 오래다. 복싱 부흥에 성공한 일본은 수많은 훌륭한 선수들을 지금도 계속 탄생시키고 있다. 그 와중에 나는 13전 7승 6패, 그중에서도 7승을 모두 KO로 이긴 테츠야 모리사다 일본 선수와 시합을 하게 되었다.

괜히 한다고 나섰다가 체육관 명예만 실추시키는 거 아닐까?

그동안 운동을 제대로 못 했는데 열흘이란 짧은 시간 안에 몸을 만들 수 있을까?

오만 가지 생각이 머릿속을 부유했지만 곧 머리를 비웠다. '일단 해보자.' 생각이 복잡할 때는 눈앞에 닥친 목표에만 집중한다. 그럼 마음이 편해진다. 나만의 장점일지 모른다.

나는 시합을 위한 본격적인 운동에 돌입했다. 웰터급 시합을 위해 열흘 만에 73킬로그램에서 64.5킬로그램까지 8.5킬로그램을 감량해야 했고, 감량 중에도 시합에 준하는 최고 강도의 운동을 지속해야 했다. 너무 고통스러웠다.

절대적으로 부족한 시간임에도 불구하고 모든 준비를 마치고 계체량을 통과하고 시합 당일이 되었다. 그런데 다른 때와 달리 전혀 떨리지 않았다. 승패에 얽매이지 않고 링에 오르는 마지막 시합이라고 생각해서 그런 걸까, 오히려 차분했다.

  링 위에 올라 선수와 마주 섰다. 종소리가 울리고 시합이 시작되는 순간 복싱 강국답게 매서운 일본 선수 주먹이 날아왔다. 그런데 이상한 일이 일어났다. 상대의 움직임이 슬로우모션처럼 느껴지며 모든 주먹의 움직임이 눈에 보이기 시작했다. 종소리가 울린 지 15초 만에 상대의 약점이 보였다. 나는 상대 바디에 레프트 훅을 연속으로 두 방 꽂아 넣었다. 강하게 휘두른 것 같지도 않는데 턱에 정확히 가 꽂혔고, 테츠야 선수는 그대로 다운되면서 링 바닥을 뒹굴었다. 일본 선수가 다시 일어나 싸울 준비를 하자 심판이 한 번 더 기회를 줬다. 난 이때다 싶어 매섭게 달려들었다. 그리고는 일본 선수 입에서 마우스피스가 튀어나와 멀리 날아갈 정도로 원투, 훅, 바디까지 20방의 주먹을 차례로 명중시켰다. 상대 코너에서 하얀색 수건이 날아왔다. 나의 완벽한 KO 승리였다.

  2018년 8월 12일, 나는 테츠야 모리사다 선수를 1라운드 40초 만에 KO승으로 이겼다.

당시 세계적으로 인정받고 있던 복싱 강국의 일본 선수를, 그것도 KO로, 그것도 1라운드 40초 만에 이겼다는 희열감에 링 줄을 밟고 뛰어 올라 두 손을 높이 들며 포효했다. 시합 때도 떨리지 않던 심장이 그 순간 수많은 관객들이 날 보며 박수를 쳐주며 환호성을 보내주자 한국챔피언이 되었을 때보다도 더 요동쳤다. 두근대는 심장이 지금 이 길을 끝까지 가보라며 내 꿈에 모터를 달아주는 것만 같았다. '배우로 돌아가는 게 맞을까…? 아니야! 이대로 세계챔피언이 되어 보자.' 연기는 삶의 경험이 더 쌓이고 해도 될 것 같았지만, 복싱은 내 몸과 마음이 가장 불타오르는 지금이 아니면 할 수 없으리란 생각이 들었다. 2007년 장정구 선수 이후 14년 동안 세계챔피언 한 명 배출해내지 못한 한국에서 내가 만약 그 한 명이 된다면 부와 명예를 모두 얻을 수 있으리란 생각도 동시에 들었다. 그걸 해낸다면 한 번뿐인 인생에서 누구에겐 성공에 대한 동기부여가 되어줄 한 편의 멋진 영화 같은 업적을 남기는 일이 아닐까 싶었다.

복싱을 시작한 지 1년 2개월 만에 한국챔피언이 되었고, 이제 복싱 강국의 일본 선수도 넘어뜨렸으니 더 나아가 세계의 벽도 무너뜨릴 수 있을 것만 같은 힘이, 내 자신 깊숙이 자리 잡고 있다는 확신이 들었다. '그래! 오늘부터 내 꿈은 세계챔피언이다. 그리고 침체된 한국 복싱의 부흥을 일으키는 사람이 될 것이다.'

"관장님, 저 세계챔피언이 되고 싶습니다."

9전 8승 1패

　그날 이후 양세열 선수에게 8라운드 판정승을 거두었고, 한달 후인 9월 15일에는 가비 심포 필리핀 선수에게 3라운드 KO승을 거두었다. 내 전적은 프로 통산 9전 8승 1패, 그중에서도 5승은 KO로 따냈다. 이제 아시아타이틀 시합을 치를 수 있는 자격이 주어졌다.

　드디어 2019년 2월 10일 WBA 아시아 라이트급 타이틀 매치가 잡혔다. 상대는 전적 15승 1패의 태국 선수였다. 지금껏 웰터급(64.5킬로그램)에서 뛰다가 처음으로 도전하는 라이트급(61.230킬로그램) 시합이었기에 더한 감량이 필요했다. 내가 해본 최대 감량이 슈퍼라이트급(63.5킬로그램)이었는데 여기서 2.3킬로그램을 더 뺀다니 쉬운 일이 아니었다. 또한 10라운드였던 한국챔피언 때보다 2라운드 늘어난 12라운드를 뛰어야 하는 경기였기에 한국챔피언 타이틀을 준비할 때보다 몇 배는 더 힘들었다. 고통의 연속이었지만 더 커진 꿈을 위해 참았다. 목표가 높아지면 고통도 커지기 마련이었다. 나는 나를 믿었다.

시합 당일, 선수 소개와 함께 수백 명 관중의 박수 소리와 함성 소리가 그치고 사방이 고요해졌다. 심판이 규칙을 설명하고 나는 태국 선수와 마주보고 섰다. 어떤 시합보다 준비를 많이 했기에 자신감은 넘쳤다. 태국 선수 역시 웃고 있었다. 그에 화답하듯 나도 미소를 지었다.

'넌 나를 못 이겨. 과연 네가 나보다 더 힘든 과정을 거쳤을까?'

1라운드가 시작됐다. 상대방의 기량을 확인하기 위해 여유롭게 탐색전을 벌였다. 잽으로 거리를 재고 바디 공격도 하면서 기회를 노렸다. 상대는 움직임이 좋았다. 앞으면서

위빙으로 내 주먹을 피하고 일어나면서 공격을 시도했다.

"퍽!"

엄청 강한 공격이 순식간에 들어왔다. 이어진 심판의 스톱 사인. 장내가 조용해졌다. 지금까지 맞아본 것 중에 가장 아팠다. 알고 보니 그건 주먹이 아니라 머리였다. 헤드버팅이었다. 사람 뼈 중에 가장 단단한 곳이 머리뼈다. 상대가 앉았다 일어나면서 나의 턱에 강한 타격을 한 것이다. 실수든 고의든 헤드버팅은 반칙이다. 태국 선수가 미안하단 제스처를 취했지만 너무 아파서 화가 났다.

링 닥터가 들어와 상태를 확인하고 응급 처치를 했다. 거의 2분 정도가 소요되었다. 시합에서 2분은 짧은 시간이 아니다. 중요한 공격이 들어가고 있을 때 상대방의 반칙으로 시간이 지연되면, 올라가던 공격 텐션이 뚝 떨어지고 상대방은 쉬면서 체력을 안배할 수 있기 때문에 상황이 역전될 수 있다. 조금 더 쉬고 싶었지만 바로 시합을 시작해달라고 어필했다. 미안했는지 아닌지는 정확히 모르지만 태국 선수는 사과를 했고, 나도 스포츠 정신으로 상대를 안아줬다. 관중들이 박수를 보냈다.

시합이 다시 시작됐다. 반칙의 타격이 컸기에 화가 나고 당장 상대방을 KO시켜버리고 싶었지만, 급하면 몸이 긴장돼서 원래 실력을 제대로 발휘할 수 없기 때문에 여유를 가지려 애썼다. 쉬면서 무슨 생각을 했는지 초반보다 훨씬 매서워진 태국 선수가 주먹을 날렸다. 가드 위로 맞아서 다행이지 제대로 맞으면 큰일 나겠다는 생각이 들 정도로 강했다. 15승을 거둔 선수라 역시 달랐다.

물론 질 것 같진 않았다. 나는 분명히 상대보다 더 힘든 훈련을 했다고 자부했다. 자부심이 과하면 독이 될 수 있지만, 적당하면 자신감의 원천이 된다. 반칙으로 시간이 많이 지체됐지만 남은 시간 동안 잽으로 상대를 타격하면서 탐색을 끝냈다. 1라운드가 끝났다.

코너로 돌아와 턱을 다시 치료했다. 입 안에서 피가 흐르고 있었다. 치아가 거의 부러질 정도로 흔들렸고, 잇몸 사이로 피가 줄줄 샜다. 그만큼 강한 헤드버팅이었다. 아팠다. 시간이 지날수록 더 아파왔지만 옆에 있는 관장님과 나를 보고 있는 상대에게 절대 티내지 않았다. 약점을 보이면 더 큰 타격이 들어올 게 뻔했다.

이 아픔을 참는 일이 시합을 준비하며 견뎌냈던 훈련보다 더 힘들진 않다. 준비 과정이 단단했기에 이따위 고통쯤은 무시할 수 있다. 나는 할 수 있다.

2년 5개월만에
아시아타이틀을 거머쥐다

　2라운드 종이 울렸다. 탐색전이 끝나고 움직임을 파악했기에 이제 상대방이 보였다. 몸을 좌우로 움직이며 압박 전진해서 잽으로 상대를 로프로 몰았다. 관자놀이와 얼굴에 여섯 번의 연속 타격을 적중시켰다. 붉어진 얼굴, 눈빛이 흔들리는 태국 선수.

　복싱에서는 타격을 당해도 끄떡없다는 포커페이스가 중요하다. 영국의 유명한 나심 하메드 선수는 한 대 맞아도 경기 중 손을 흔들고 춤을 추며 상대방의 기세를 꺾는다. 그만큼 자신감이 넘치고 여유로움을 상대에게 보여주는 것이다. 그런 모습을 보면 상대는 자기도 모르게 압박감을 느끼며 긴장할 수밖에 없다. 나는 평소 영상을 자주 보며 단련을 해왔기에 강한 반칙의 타격에도 포커페이스를 유지하며 상대를 강하게 압박할 수 있었다.

2라운드가 끝이 났다. 쉬는 시간에 생각했다. 연습은 시합처럼, 시합은 연습처럼 하자.

3라운드에는 땀이 쫙 흐르면서 몸이 풀린 것이 느껴졌다. 여유롭지만 더 활발하게 몸을 움직이며 들어갔다. 상대가 로프에 몰린 순간 관자놀이에 라이트 훅을 찍어내렸다.

"퍽!"

헤드버팅 때보다 더 묵직한 타격 소리가 장내에 울려퍼지고 곧 함성 소리가 이어졌다. 그리고 1초 뒤 상대가 기절하며 뒤로 쓰러졌다. 이내 정신을 차리고 로프를 잡으면서 일어나려는데 그럴 수 없었다. 내가 관자놀이에 강하게 찍어내린 타격은 훈련 중에 관장님과 수많은 연습을 거쳐 만들어낸 주먹이었다. 이 한방의 주먹을 만들려고 수백, 수천 번을 연습했다. 심판의 카운터가 끝났는데도 태국 선수는 정신을 차리지 못하고 쓰러져 있었다. 그렇게 경기가 끝났다.

심판이 내 손을 들어주었고 허리에 금색 아시아챔피언 벨트를 둘러주었다. 주영이 형이 나를 어깨에 앉혀 높이 들어 올렸다. 가족들, 친구들, 관객들의 박수와 함성 소리에 나는 두 팔을 활짝 펴고 기쁨의 포효를 내질렀다. 말로 표현할 수 없는 벅찬 기쁨에 눈물이 차올랐다. 꿈을 꾼다는 것, 그리고 그 꿈을 이루었을 때의 벅찬 행복의 감정은 겪어본 사람만 안다. 노력한 사람만 안다. 노력의 과정 속에서 거친 고통을 뛰어 넘은 사람만 안다.

지금 당장 하던 일을 그만두고 한번도 해본 적 없는 운동을 시작할 용기가 있는가? 끝까지 포기하지 않고 대한민국에서, 더 나아가 아시아에서 최고가 될 수 있는가? 그건 꿈을 위해 쉬지 않고 달려가는 사람만이 누리는 최고의 행복이다.

나는 자부한다. 복싱을 시작해 아시아챔피언이 되기까지 그 어떤 대한민국의 복싱 선수보다 더 노력했다는 것을. 그렇기에 챔피언이 될 자격이 있다는 것을.

2019년 2월, 데뷔한 지 2년 5개월 만에 나는 아시아에서 최고의 복싱 선수가 되었다.

Who Am I
챔피언을 만든 사람들

김한상 관장님

처음에는 아빠랑 비슷했다. 가부장적이고 권위적이고 오지랖이 넓은 사람. 나에게는 두려움의 대상이자 의견을 묻는 대신 강요하고, 칭찬도 없고 사과도 없고 자신이 절대 틀렸다고 생각하지 않는 점 등이 비슷했다. 모든 것을 갖춘 꼰대 중의 꼰대였다.

한번은 그 둘이 체육관에서 만난 적이 있었다. 아빠가 5층까지 힘들게 올라와 잠깐 '아들'만 보고 가겠다고 했지만 술 냄새를 맡은 관장님이 당장 나가라고 했고 그게 마음에 들지 않았던 아빠의 불만으로 둘 사이에 큰소리가 나는 싸움으로까지 번졌다.

관장이고 뭐고 다 마음에 들지 않는다며 욕을 하고 나한테 당장 체육관을 그만두라는 아빠, 아빠에게 욕을 하며 당장에 잡힌 시합은 어떡할 거냐고 큰소리 치는 관장님, 아빠도 스승님도 둘 다 내 생각은 안 하는 것 같아 마음이 너무 아팠다. 모든 걸 그만두고 떠나고 싶었지만 내 선택은 집을 나와 옥탑방을 구하고 복싱을 계속 하는 것이었다.

관장님은 복싱 하나는 제대로 가르쳐주니까, 내 꿈을 이루고 성공할 수 있는 지름길로 인도해줄 유일한 사람이라고 생각했다.

"김한상 관장 밑에서 1년만 버티면 최소 한국챔피언은 된다."

복싱계에 떠도는 유명한 말이다. 실제로 관장님 밑에서 열일곱 명의 한국챔피언이 나왔고, 데뷔 1년 만에 열여덟 번째 한국챔피언이 된 사람이 바로 나다. 누구나 할 수 있지만, 아무나 되는 것은 아니다. 그만큼 관장님 훈련이 혹독하고 힘들지만 따르기만 하면 결과는 나온다는 뜻이다.

나에게 관장님의 존재는 '꼰대'와 '스승'의 중간 어디쯤이다. 선수와 자신이 동등해지면 '통제력'을 잃는다고 생각해 권위적일 때도 있지만, 자신이 아끼는 제자는 '아들'처럼 생각해 고기도 직접 구워주고 라면도 끓여주며 아껴준다. 관장님은 자녀가 없다. 그래서 더 제자들을 아들처럼 생각해 무섭게 대했던 것 같다. 한편으론 정이 많아서 제자들을 한국의 훌륭한 복싱 선수로 만들어 자랑거리 삼는 일이 관장님의 유일한 낙은 아니었을까도 싶다.

특히 관장님 밑에서 처음 복싱을 배운 나한테 유독 집착하는 것이 느껴졌다. 한남체육관에서 만들어진 챔피언급 선수들은 대부분 다른 체육관에서 운동을 배우다 중간에 들어왔지만, 걸음마부터 가르친 건 내가 처음이었기 때문이다.

"황길이만큼 처음부터 말 잘 듣고 열심히 한 선수를 본 적이 없어.", "너희들은 황길이 뒤에서 졸졸 따라다니면서 운동하기만 해도 성공한다.", "황길이는 센스는 부족하지만 그만큼 노력하니까 세계챔피언이 될 수 있어.", "황길이는 잽을 1천 번 연습하라고 하면 2천 번 치는 미친놈이야."

아무리 뛰어난 선수라도 관장님께 칭찬받기란 하늘의 별따기다. 그렇게 선수 앞에서는 손에 꼽을 정도로 칭찬에 인

색하지만, 뒤에서는 수도 없이 선수 칭찬을 늘어놓는다.

70년대 그 대단하다는 귀신 잡는 해병대를 나온 관장님. 욕을 동반한 지독한 훈련을 시킬 때는 두려움의 대상이지만, 그로 인해 한계를 뛰어넘고 성장할 수 있는 원동력을 만들어줄 때의 관장님은 나에게 존경의 대상이다.

하루종일 컴퓨터 앞에 앉아 복싱 영상을 분석하고, 하루에 수십 통씩 전화를 걸어 스파링 상대와 시합 상대를 찾고, 새벽 운동에 선수보다 매번 일찍 나와 선수들을 기다리고, 선수들의 장단점을 일일이 지적하며 미트를 잡아주고 잔소리를 쏟아내는 김한상 관장님은 한국에서 손에 꼽을 명장이라고 생각한다.

온몸으로 복싱을 가르쳐준 형들

체육관에 처음으로 등록하던 날 운동하던 형들의 모습이 잊히지 않는다. 운동복이 다 젖을 정도로 몸에서 흐르던 땀이 섀도복싱을 하느라 고개와 몸을 좌우로 흔들 때마다 체육관 바닥에 흩부려지는 모습은 정말 인상적이었다. 샌드백이 부모를 죽인 원수라도 되는 듯 쉼 없이 강한 주먹으로 샌드백을 두드리는데 강한 전사 같은 모습에 입이 쩍 벌어졌다.

  복싱을 시작한 뒤 형들과 같이 원정 스파링을 가거나 시합장에 갈 때면 언제나 어깨가 으쓱했다. 형들이 자랑스러웠고, 닮고 싶었고, 항상 배우고 싶었다. 어느 순간 전사의 심장을 가진 형들 옆에서 나도 같이 뛰고 있었다. 초짜인 나였지만 형들에게 자비란 없었다. 한강을 같이 뛸 때, 남산을 같이 뛸 때, 어떻게든 형들 뒤꽁무니를 따라가려고 노력했지만 형들은 어느새 저 멀리 사라져버리곤 했다. 같이 샌드백을 칠 때면 지쳐서 몸이 늘어져 있는 나한테 별다른 말 없이 본인들 운동에 집중했다. 달리기도 따라가지 못하고 샌드백을 칠 때도 지쳐 늘어지는 나에게 형들이 '그만하면 잘했어, 그 정도면 됐어'라고 말했다면 지금의 이 강한 전사의 심장은 영영 가지지 못했을 것이다.

  독사의 눈빛을 하고 욕을 하며 째려보는 관장님 앞에서도 기죽지 않고 10라운드의 샌드백을 치는 일은 쉽지 않았다. 혼나면서 하는 인터벌 훈련도 쉬운 일이 아니다. 하지만 형들은 관장님이 뭐라 하든 안 하든, 시합이 잡히든 안 잡히든, 비가 오든 눈이 오든 새벽이면 어김없이 일어나 두 시간 훈련하고 낮에도 두 시간씩 꼭 훈련을 했다. 항상 자신의 한계를 시험하는 듯한 강도 높은 운동을 해나갔다. 하루도 빠짐없이 몇 년 동안을 오로지 챔피언이 되기 위해 살았다.

고등학생 때 신인왕전에서 우승한 뒤 바로 특전사에 들어갔다 제대하고 한남권투 김한상 관장님을 만난 뒤 복싱을 다시 시작한 일권이 형은 누가 봐도 순하게 생겼지만 운동할 때만큼은 야생마가 되어 누구도 따라잡을 수 없는 속도로 달린다. 168센티미터의 작은 체구이지만, 단단한 허벅지와 강인한 허리 힘에서 나오는 묵직한 주먹은 '복싱은 한방'이라는 말을 증명할 만큼 정말 강하다.

체육관에서 맏형이라고 관장님에게 가장 잔소리를 많이 들으면서도 항상 웃는 얼굴로 죄송하다고, 더 잘하겠다고 말한다. 다음날 새벽 운동이 있지만 저녁 늦게 체육관 문을 닫고도 개인적으로 나머지 운동까지 하는 형이다. '퍽퍽퍽' 5층에서 치는 샌드백 소리가 1층에서도 귀에 꽂힐 정도로 선명하게 들리면 참 대단하단 생각이 든다.

"힘들지? 그래도 너는 챔피언 될 수 있어."

훈련은 다같이 할 수 있지만 링 위에 서면 혼자 모든 걸 해결해야 하는 복싱은 외로운 운동이다. 패배하지 않기 위해 매일매일 고독함과 외로움과 싸워서 견뎌야 하는데 유독 외로움을 많이 타서 힘들어하는 나를 위해 운동을 마친 후에 아이스커피 한 잔을 사주며 다독여주는 일권이 형의 한마디가 참 고마웠다.

체육관에서 제일 관장님의 잔소리를 듣지 않는 주영이 형에겐 그럴 만한 이유가 있다. 대학교 복싱부에서 아마추어 시절을 보내며 오랫동안 선수 생활을 해서 그런지 몸이 엄청 유연하고, 관장님 말을 한번에 알아듣고 자세를 바로 교정하는, 머리가 좋은 형이다. 어떤 공격이 날아오든 방어하고 잘 피했고, 오히려 그 사이를 파고들어 상대보다 한 박자 빠르게 내뻗는 '어퍼컷' 공격이 형의 트레이드마크다.

주영이 형은 나의 첫 스파링 상대가 되어주었는데 덕분에 복싱에 매력을 느끼고 설렘을 갖게 되었다. 힘든 훈련을 하고 난 다음에도 꼭 미트를 잡아주고 스파링 상대가 되어 자세 교정을 해주었다. 직접 내 몸을 잡고 교정을 해주기도 했는데 본인의 장점인 한 박자 빠른 공격과 부드러운 회피 방법을 알려준 것이 훗날 내가 큰 선수가 될 수 있게 해준 발판이기도 했다.

"이대로는 안 되겠다. 관장님 몰래 음료수 하나 먹고 들어가자."

훈련을 할 때나 시합장에서는 세상 무서운 야수 같지만, 맛있는 음료수 하나에도 덧니를 보이며 활짝 웃어보일 때면 영락없는 동네 친한 형 같았다. 별명이 '명랑복서'인 주영이 형과 같이 뜨거운 땡볕에서 땀복을 입고 한강을 달린 뒤 체육관 옆 구멍가게 앞에 앉아 그렇게 음료수를 사먹곤 했다. 체육관에 샌드백을 치러 들어가기 전에 마셨던 음료수는 사막의 오아시스였다.

온몸으로 복싱의 매력을 보여주고 나를 가르쳐준 형들이 있었기에 혹독한 관장님의 훈련도 견딜 수 있었고 아시아챔피언도 될 수 있었다.

팬이 되어준 종호 형님

나에겐 특별한 사람이 있다. 훈련을 할 때는 묵묵히 바라보다가, 링 위에 오르는 날이면 한숨에 달려와 목 터지게 응원해주고 간절히 승리를 기원해주는 사람. 때로는 패배할 때도 나보다 더 슬퍼하고, 고생했다며 용기를 심어주는 사람. 진심으로 내 부상을 걱정해주고, 나만큼이나 복싱을 사랑하고, 복싱의 미래를 걱정해주는 그런 사람이 있다. 그는 전국을 누비며 농기계를 판매하는 '대림농기계' 대표 종호 형님이다.

2019년 5월 내가 이기수 선수와 WBA 라이트급 아시아 타이틀 매치를 치를 때였다. 시합에 승리한 뒤 챔피언벨트를 메고 팬들의 축하를 받았는데, 그때 까만 선글라스에 파마머리를 한 중년의 남자와 앞이빨이 훤히 보이도록 환하게 웃으며 함께 셀카를 찍었는데 그게 우리의 첫 만남이었다.

그 뒤로 종호 형님에게 과분한 사랑을 받았다. 복싱 카페에 글을 써서 홍보도 해줬고, 내가 하는 모든 시합 날 본인 일정을 비워놓고 시합장에 꼭 와줬으며 훈련비 스폰도 해줬다. 시합에서 지든 이기든 항상 내 옆을 지켜줬고 할아버지 할머니가 돌아가셨을 때도 마찬가지였다.

눈 부상으로 은퇴한 후로는 복싱 팬들에게 더 이상 연락이 오지 않았지만 종호 형님만은 예외였다. 이제는 지도자의 길을 걷겠다며 체육관을 오픈했을 때도 직접 찾아와 이렇게 말했다.

"뭘 하든 제대로 하는 너 같은 미친놈은 뭘 해도 성공할 테니까 이제 네 눈을 위해서도, 미래를 위해서도 복싱은 그만해라. 도움 필요하면 언제든 연락하고."

3장
사느냐 죽느냐

꿈을 이루지 못할
이유 같은 건 없다

 2003년 한 남성이 홀로 미국 유타 주의 협곡 블루존 캐넌 등반에 나섰다가 협곡 사이로 추락하며 바위와 암벽 사이에 팔이 낀 채 고립된다. 그가 가진 것은 칼과 산악용 로프 그리고 500밀리리터 물 한 병뿐이었다. 혼자 여행을 하며 훌륭한 경치 사진을 찍고 낭만을 즐기려던 꿈이 단 한 번의 실수로 죽음의 공포로 뒤바뀐 순간이었다.

 아무리 애를 써도 바위는 꿈쩍하지 않고, 물이 떨어지자 오줌까지 마시며 버텼지만 죽음을 체감한 그는 지금까지 살아온 인생을 되돌아본다. 가족, 친구, 사랑하는 사람을 하나하나 떠올려 보니 후회가 밀려온다. 아직 이루지 못한 꿈, 그리고 사랑하는 사람들에게 해야 할 일이 남았음을 깨달은 그는 지금 당장 이곳을 빠져나가기로 결심한다.

어쩌면 죽음보다 더 힘든 결심이었으리라. 팔뚝에 천을 둘러 세게 묶은 뒤 그는 날이 무딘 싸구려 칼로 살부터 시작해 차례대로 인대, 힘줄 그리고 뼈를 잘라 나간다. 말로 형언할 수 없는 고통에 기절을 하면서도 장장 여섯 시간에 걸쳐 마침내 팔을 잘라내고 탈출에 성공한다. 그토록 원하던 따사로운 햇빛 아래서 마음껏 물을 마신다. 그는 한쪽 팔 없이도 행복하게 살아간다. 영화 〈127시간〉으로도 만들어진, 아론 랠스턴의 실화다.

죽는 게 차라리 나았을 끔찍한 고통에도 불구하고 그는 무엇 때문에 스스로 팔을 잘랐을까. 살아야만 이룰 수 있는 꿈과 인생이 있었기 때문이다. 내가 그 상황에 처했다면 같은 선택을 했을까. 영화를 보며 지금 당장 그런 선택을 하지 않아도 된다는 사실에 우선 감사함을 느꼈다. 그리고 나 역시 같은 선택을 했으리란 확신이 들었다.

인생은 가끔 영화 같다는 생각을 한다. 주어진 환경에 순응하기만 하는 지루한 영화를 보면 관객들은 하품을 하고 낮은 평점을 준다. 하지만 어떤 두려운 순간에도 포기하지 않고 꿈을 향해 나아가는 작은 선택 하나가 '나'라는 영화를 최고로 만들기도 한다. 꿈을 위한 최선의 선택이라고 생각되는 순간 망설이지 말고 선택하라. 지금이 인생의 마지막일지도 모른다는 생각으로 거침없이 나아가다 보면 꿈은 이루어진다. 진짜다.

포기하지 않고 3연승 KO

아시아 2차 방어전까지 연이어 성공했다. 세계챔피언까지 이대로 탄탄대로가 깔려 있을 것만 같았다. 자신감이 하늘을 찔렀다. 때마침 세계랭킹 2위 호주 선수에게서 타이틀 매치 제안이 왔다. 17승 0패라는 상대의 대단한 전적, 시합까지 한 달밖에 남지 않았다는 걱정을 뒤로 하고 당장 시합을 수락했다. 오직 내 머릿속엔 세계 랭킹 2위를 이길 수만 있다면 단숨에 세계 랭킹에 진입할 수 있다는 생각뿐이었다. 한달 후 나는 호주로 떠났다.

호주 원정 경기가 끝나고 한국으로 돌아온 날 시합 영상을 반복해서 돌려봤다. 10라운드를 뛰면서 매 라운드마다 어떤 문제가 있었는지 찾기 위해 보고 또 보았다. 패배의 원인을 찾아 단점을 수정하는 것만이 내가 할 수 있는 유일한 일이었다. 감량은 어느 때보다 혹독했고 부족한 훈련 시간, 자국 선수에 관대한 원정 경기의 불리함이 발목을 잡았다. 하지만 핑계를 대고 싶진 않았다.

영상을 한두 번 볼 때는 모르겠더니 수십 번 반복해서 보니 확실히 문제점이 보였다. 부족한 점을 메모하고 훈련을 하며 고쳐 나갔다. '장점으로 단점을 보완한다'는 말이 통하지 않는 것이 복싱의 세계다. 복싱에서 단점은 곧 치명타다. 이기다가도 단 한 번의 실수로 역전당할 수 있다. 세계챔피언이 되려면, 아니 그 기회를 잡으려면 최대한 모든 단점을 없애려고 노력해야 한다.

그런데 패배의 쓴맛을 다 느끼기도 전에 너무 큰 문제가 생겼다. 코로나19가 전 세계적으로 확산되면서 국내 모든 스포츠 행사와 야외 활동이 막혀 스파링과 시합을 할 수 없게 된 것이다. 스물여섯 살에 시작해 이제 곧 30대를 바라볼 나인데 시간이 낭비되는 것만 같아 불안감이 찾아왔다.

하지만 운동에 대한 꿈과 집념이 강한 내 사전에 포기란 단어는 없었다. 스파링과 시합을 할 수 없다고 운동마저 게을리 한다면 몸 상태가 망가질 터였다. 체육관 문을 닫아야 했으니 문을 단단히 잠그고 안에서 훈련하며 하루도 쉬지 않았다. 매일 샌드백을 두드리고 섀도복싱을 하며 기술을 채워 갔다. 체력을 유지하기 위해 마스크를 쓰고 한강을 달렸고, 산을 올랐다.

2020년 04월 26일. 김황길 vs 배재덕 (1라운드 KO승)
2020년 08월 16일. 김황길 vs 권기섭 (4라운드 KO승)
2021년 04월 17일. 김황길 vs 제르폴 발레로 (2라운드 KO승)

2년 동안 코로나로 시합 기회를 놓치고 복싱계를 떠난 선수들도 많았다. 코로나가 터지고 어느 복싱 협회 하나 제대로 시합을 열 수 없었기 때문이다. 고통의 시간이 느리게 흘러갔다. 관장님과 나는 시합 기회를 얻기 위해 시청, 구청, 법무부 등등 수많은 곳에 전화를 돌리며 어떻게든 세 번의 시합 기회를 잡았고 세 번 모두 KO승을 거두었다. 옆에서 많은 분들이 도와줬고 응원해줬다. 어려운 과정이었지만 포기하지 않고 견뎌낸 결과였다.

하늘은 스스로 돕는 자를 돕는다는 말을 다시금 확인한 순간이었다. KO로 3연승을 거두며 16전 14승 2패라는 전적으로 나는 다시 한 번 세계타이틀에 도전할 수 있는 기회를 만들어 냈다.

검은 기운

　새벽 운동은 늘 힘들다. '오늘 하루만 일어나지 말까?' 매일 아침 악마가 속삭인다. 악마와 싸워 이겨야만 새벽 운동이 시작된다. 그렇게 또 다른 나와 한바탕 씨름을 하고 나서야 무거운 눈꺼풀을 겨우 밀어 올릴 수 있다.
　어김없이 새벽 기상 알람이 울린 날이었다. 여느 때와 마찬가지로 일어날까 말까 수십 번의 갈등 끝에 눈을 떴다. 그런데 느낌이 이상했다. '응? 뭐지? 눈에 뭐가 꼈나?' 분명 눈을 다 떴는데 왼쪽 눈 절반이 보이지 않았다. 눈에 검은 암막

커튼이 쳐진 것만 같았다.

 피곤해서 그런가. 안 그래도 최근에 늘어난 훈련량으로 몸이 무겁긴 했다. 겨우 몸을 일으켜 화장실로 갔다. 세수를 하면 눈이 맑아질까 싶어 물을 틀었다. 세수도 하고 눈도 비벼봤지만 웬일인지 왼쪽 눈 절반은 여전히 한밤중이었다. 이상한 생각이 들었다. '아무래도 오늘 새벽 운동은 쉬어야겠다.' 컨디션이 좋지 않은 거라 생각하고 다시 잠을 청했다.

 몇 시간 뒤 다시 일어났다. 시야가 더 흐려져 있었다. 불안한 마음에 동네 안과를 찾았다.

 "진단서 하나 써줄 테니 대학 병원에 가보세요."

 그때까지도 큰일이 아닐 거라 생각했다. 고민 끝에 '그래, 피곤해서 일시적으로 찾아온 현상일 거야. 내일이면 괜찮아질 거야' 나름 위안 섞인 결론을 내렸다.

 며칠 뒤 대학 병원을 찾았다.

 "김황길 님, 들어오세요."

 간호사의 호명에 자리에서 일어나 진료실로 들어갔다. 검사지를 들여다보던 의사는 모니터에서 눈을 떼지 않은 채 말했다.

"망막 박리입니다. 당장 수술하셔야 합니다."

"네? 그게 뭐죠?"

"망막에 구멍이 생겼는데 그 안으로 물이 들어갔어요. 그로 인해 망막이 벗겨진 겁니다. 그런데… 생각보다 물이 많이 차서 지금 당장 수술하지 않으면 실명할 수도 있습니다."

심장이 내려앉는다는 게 이런 느낌이구나 싶었다. 복싱 선수에게 눈은 제2의 생명이다. 눈이 보이지 않으면 선수 생활도 불가능하다.

몇 시간 후 나는 수술대 위에 누워 있었다. 눈앞에 하얀 조명들이 켜졌고, 손목에 각종 주사와 링거가 꽂혔다. 바쁘게 움직이는 의사 선생님들 중 한 명이 내 얼굴에 마스크를 씌우고 몸에 마취제를 주입했다. 눈을 고무로 감싸는 '공막 돌륭술'이 시작되었다. 깨어나 보니 수술은 성공적이었고 회복 기간을 가진 후에 운동을 계속 할 수 있다는 말을 들었다.

얼마 후 검사를 위해 다시 병원을 찾았다. 그런데 의사가 예상과 다르게 심각한 표정을 짓고 있었다.

"다행히 수술은 성공적입니다만…."

의사가 뜸을 들였다.

"고여 있던 물이 다 빠지지 않아 망막이 다시 떨어질 수 있어요. '유리체 절제술'을 해야 해요. 그 후에야 운동 가능 여부를 알 수 있겠습니다."

유리체 절제술은 눈 안에 얇은 주사를 집어넣어 유리체를 제거한 뒤 망막을 레이저로 붙이고 안에다 가스를 집어넣는 수술이다. 가스로 인해 망막이 팽창되면서 붙는 것이다.

심장이 다시 한 번 쿵 내려앉았다. 이게 도대체 무슨 일이지? 하늘이 나한테 벌을 내리는 건가. 아니지, 큰 꿈이 이루어지는 길에 맞닥뜨린 하나의 과정이라 생각하자. 이 또한 이겨내면 되니까. 수술도 성공할 테고, 운동도 반드시 다시 할 수 있게 될 거야. 그렇게 나는 수술대 위에 다시 누웠다. 그리고 기도했다. 복싱만 할 수 있게 해달라고. 포기하지 않게 해달라고.

수술이 끝난 후 눈을 뜨고 거울을 봤다. 왼쪽 눈 위로 노란색 플라스틱 안대가 있고 안에 두꺼운 거즈가 테이프로 붙여져 있었다. 회복 기간에 운동을 전혀 못 했기 때문에 볼살이 통통했다. 환자복 사이로 여러 개의 링거줄이 뒤엉켜 늘어져 있었다. 예전에 깨진 거울로 봤던 90킬로그램의 내 모습이 거기 있었다. 우울한 마음도 잠시, 이내 부정적인 생각을 밀어내고 피식 웃었다. 역시 우울한 표정보다는 웃는 표정이 좋다. 괴로워도 웃자. 난 꿈이 있으니까.

"웃으면 복이 온다! 황길아, 지금을 즐기자!"

감량보다 힘든 기다림

유리체 절제술 후 길고 긴 회복의 시간이 주어졌다. 문제는 회복하는 동안의 내 자세였다. 가스는 위로 뜨는 성질이 있기 때문에 망막을 팽창시켜 뒤로 붙이려면 엎드려 있어야 했다. 그렇지 않았다가는 가스가 빠져나가 머릿속 다른 부위를 건드릴 수도 있고, 망막이 다시 떨어져 재수술을 해야 할 수도 있었다. 눈에 주사바늘을 여러 개 집어넣어 수술했을 생각을 하니 너무 끔찍했다. 그런 수술을 또 하라면 다신 못할 것 같았다.

장장 열흘 동안이나 꼼짝없이 엎드린 자세를 유지해야 했다. 처음엔 그게 뭐 대수인가 싶었다. 시합을 다시 뛸 수만 있다면 더한 일도 상관없다는 생각뿐이었다.

처음 한두 시간은 정말로 괜찮았다. 그러다 조금씩 좀이 쑤시기 시작했다. 휴대폰도 책도 TV도 운동도 아무것도 할 수 없었다. 물을 마실 때도 잠깐 앉긴 해도 고개를 숙인 상태에서 빨대를 사용해 마셨고, 음식도 고개를 숙이고 먹었다. 소화될 시간도 없이 다시 침대에 엎드렸다. 씻지도 못했다. 수건을 적셔 몸을 간단하게 닦는 게 다였다. 이를 닦고 헹굴 때도 빨대를 사용했다. 할 수 있는 건 이 시간을 견디는 것뿐이었다.

단 한 순간도 실수하지 않기 위해 만반의 준비를 했다. 잠을 잘 때 혹시 뒤척이다가 몸을 뒤집기라도 할까 봐 고개는 침대 밖으로 빼고 턱만 걸친 채 양팔을 좌우로 쫙 벌리고 잤다. 잠들기 힘든 자세였지만 완벽하게 회복해서 복귀하겠단 생각으로 이를 악물고 버텼다.

부모님 댁에 가서 쉴 수도 있었지만 이런 모습을 보이기 싫어 체육관 안쪽 방에서 생활했다. 같이 운동하는 동료들이

수시로 방에 들어와 라디오도 켜주고 음식과 물도 가져다주었다. 3분마다 울리는 종소리와 관원들이 치는 샌드백 소리를 벗 삼아 버텼다.

엎드려서 많은 생각을 했다. 연기를 처음 시작하게 된 계기, 대학교 때 추억들, 복싱을 시작한 계기, 시합했던 순간들, 사랑하는 여자친구와 보낸 시간들을 생각하고 또 생각했다.

과거뿐만 아니라 미래에 대해서도 반복해서 생각했다. 목표, 세계챔피언이 되는 꿈, 돈을 버는 꿈, 그리고 배우가 되는 꿈, 꿈을 꾸며 느끼는 설레임에 대해 생각했다. '그 힘든 훈련도 버텼는데, 이거 하나 못 버티겠어? 지금 꿈은 완벽한 회복이다.' 그러나 내 생각은 오산이었다. 목표와 꿈이 있기에 버틸 수 있을 줄 알았다. 훈련보다는 힘들지 않을 거라 생각했다. 감량보다는 회복이 쉬울 줄 알았다. 10일 정도쯤이야, 잠깐 쉬면서 엎드려 있는 것이 휴식일 줄 알았다. 그동안 못했던 생각을 하며 계획을 짜다 보면 시간이 금방 갈 줄 알았다. 아픈 수술도 아니었으니, 잘 먹고 잘 자면 모든 것이 순탄하게 흘러갈 줄 알았다. 그런데 현실은 달랐다. '죽고 싶다.' 오른쪽으로 뻗은 손에 약봉지가 만져졌다. 잠이 오지 않아 처방받은 수면제였다. 순간 약을 통째로 입안에 털어 넣고 싶 단 생각이 들었다.

겨우 3일밖에 지나지 않았을 때, 챔피언이 되는 훈련의 고통보다 엎드려 있는 게 더 고통스럽게 느껴졌다. 그동안 인간의 한계를 뛰어넘는 훈련을 해왔다고 자부했다. 운동을 하는 게 나인지 내가 아닌지 헷갈릴 정도로 훈련에 몰입한 적이 한두 번이 아니었다. 정신이 아득해지는 감량도 이겨낸 나였는데….

누워서 자는 게, 몸을 이리저리 뒤척이는 게 그렇게 행복한 일이었다니. 두 눈을 감고 링 위에서 다시 상대방과 치열하게 두 주먹을 주고받을 순간을 떠올리고 또 떠올렸다.

…
D-3일
D-2일
D-1일
…
D-day!

"후아!"

있는 힘껏 소리를 지르며 고개를 들었다. 근육이 얼마나 뻣뻣하게 굳었는지 고개를 드는 것조차 힘들었다. 비로소 세상을 똑바로 바라보게 되었다. 나는 곧장 체육관 옥상으로 내달렸다. 닫혀 있던 두꺼운 철문을 열자마자 따뜻한 햇살이 온몸을 감쌌다. 구름 한 점 없는 날이었다. 나도 모르게 눈물이 나왔다. 너무 오래 물속에 가라앉아 있다가 숨이 턱끝까지 찼을 때, 이대로 죽는 건 아닌가 싶을 정도로 정신이 아득해질 때쯤 때마침 누군가 나를 물밖으로 끄집어내준 느낌이었다. 옥상에서 든 생각은 딱 하나였다. 살 것 같다. 이 감정을 절대 잊지 말자.

"달리자! 세계챔피언을 향해서!"

세계챔피언을 앞두고
'레전드 매치'

"퍽! 퍽! 퍼퍽!"

5개월 만에 샌드백을 치니 그야말로 주먹이 착착 달라붙었다. 숨이 턱까지 찼지만 그것마저 감사했다. 전보다 더 악착 같이 운동을 했다. 그리고 드디어 기회가 왔다.

태국에서 WBA 인터내셔널 타이틀 매치를 하게 되었다. 상대는 41승 4패로 세계 최고의 실력을 가진 선수였다. 언젠가 그의 시합 영상을 보며 '이 사람과 한번 맞붙고 싶다'고 생각한 적이 있었는데 드디어 성사된 것이다.

세계챔피언이 되겠다는 꿈이 막상 눈앞에 다가오니 마음이 불타올랐다. 국내 언론들은 내가 '세계챔피언에 가장 근접한 복서'라며 추켜세웠다. 부담이 되면서도 그런 평가가 나쁘지 않았다. 모든 게 순조로웠다. 이래도 되나 싶을 정도로.

그 와중에 유명 유튜버와 연결이 되면서 이른바 '레전드 매치'라는 이벤트성 경기를 하게 되었다. 국내에 내로라하는 복서들과 링에 올라 기량을 마음껏 펼치는 대회였다. 나는 우리나라 최고의 복서인 권오곤 선수와 경기가 잡혔다. 세계챔피언 본 매치 이전에 기량도 끌어올리고 연습도 되니 그야말로 일석이조였다.

침체된 한국 권투계를 살려보겠다는 취지로 마련된 '레전드 매치'에서 내 경기는 마지막 메인 이벤트였다. 상대는 총 전적 13전 8승 2패 3무(6KO)의 한국 슈퍼라이트급 챔피언 '테크니션' 권오곤 선수였다. 나에게는 태국으로 가기 전 컨디션을 한껏 끌어올릴 수 있는 절호의 기회였다.

시합 당일, 그야말로 관중석은 만원이었다. 내로라하는 복서들은 모두 서울 강남으로 모여들었고, 마치 오래 전 복싱 레전드인 박종팔, 김득구 선수 시합이 열릴 때의 열기만큼이

나 뜨거웠다.

조금씩 몸을 풀면서 몸에 열이 오르기 시작했다. 나는 이 순간이 좋다. 링 위에 오르기 직전 온몸의 세포가 극도로 예민해지고 두려움과 설렘이 공존하는 순간. 어서 빨리 링에 올라 상대방과 서로의 실력을 겨루고 싶다는 욕망이 최대치로 분출되는 폭풍전야의 순간. 나는 이 순간을 사랑한다.

"다음 경기는!"

링 위에서 장내 아나운서가 목에 핏대를 세우며 큰 소리로 외쳤다.

"한국 P4P(체급을 떠나 가장 강한 사람) 1위! 한국에서 세계챔피언에 가장 가까운 남자, 골드미네이터 김! 황! 기이일!"

"우와!"

우뢰와 같은 함성이 터져나왔다. 얼마나 듣고 싶었던 함성인가. 지난 훈련과 부상의 순간들이 주마등처럼 눈앞을 스쳤다. 오늘 시간을 내서 나를 보러 와준 관객들에게 최고의 경기를 보여주겠다는 다짐이 들었다. 권오곤 선수까지 소개가 끝나자 종이 울렸다.

"땡!"

아무리 이벤트 매치여도 상대는 한국 슈퍼라이트급 챔피언이다. 방심하는 순간 내가 KO당할 수도 있다. 시작과 동시에 상대방은 빠른 발을 앞세워 요리조리 피하면서 주먹을 던졌고 나는 내 스타일대로 앞으로 밀고 나가며 하나하나 주먹을 내질렀다.

스피드 있는 발과 주먹을 가진 권오곤 선수와 상대를 묵직하게 끊임없이 압박하며 쉴 틈 없이 주먹을 내지르는 나를 보며 관객들이 엄청난 쾌감을 느꼈는지 1라운드가 끝나자마자 환호성을 질렀다.

1라운드가 어떻게 지나갔는지 모를 정도로 집중했나 보다. 1분간의 휴식 시간, 코너로 들어왔는데 눈이 이상했다. 안개가 낀 것처럼 잘 보이지 않았다. 조명 불빛이 번져 보였고 바로 앞에서 이야기하는 관장님의 얼굴도 희미해 보였다.

'일시적인 증상이겠지.'

1라운드에서 몇 대 맞았던 충격 때문인 줄 알았다. 조금 있으면 괜찮아지겠지 생각하며 링에 올랐다. 2라운드, 3라운드, 마지막 6라운드. 라운드를 거듭할수록 상대 선수의 주먹이 흐릿해지면서 점점 맞추기가 힘들어졌다. 관장님께는 끝까지 말씀드리지 않았다. 중간에 포기해서 관객들에게 실망감을 안겨주기도 싫었다. 두려웠다. 마지막 링이 될까 봐. 혹시 정말 혹시라도 이게 마지막이라면 후회 없이 모든 것을 쏟아내고 나오고 싶었다. 잘 보이지 않는 상황에서도 최선을 다했다. 매치가 끝나면 꼭 하고 싶은 말이 있었다.

'반드시 세계챔피언이 돼서 한국 복싱을 부활시키겠습니다. 감사합니다!'

하지만 약속은 지킬 수가 없게 되었다. 매치가 끝나고 관장님도 동료들도 내 상태를 알게 되었고, 다음날 바로 안과를 찾아갔다.

"후발성 백내장이 찾아와 수술을 해야 합니다. 그리고 더 이상 시합은 할 수 없습니다."

충격적인 진단이 내려졌다. 한동안 입이 떨어지지 않았다. 속이 부글부글 끓었다. '말도 안 돼. 이대로 포기할 수 없어. 내가 왜? 세계챔피언의 꿈이 바로 코앞인데. 도대체 왜? 아직 꿈을 이루지 못했단 말이야!' 안과를 세 군데나 옮겨 다니며 검사를 하고 또 해봤다. 제발, 단 한 명의 의사라도 시합이 가능하다는 말을 해주길 바랐다. 마지막으로 찾은 안과에서 나는 의사를 붙잡고 빌었다.

"한쪽 눈을 잃더라도, 세계타이틀 매치는 하고 그만두면 안 될까요?"

의사 선생님, 관장님, 간호사들 사이에 한동안 적막이 흘렀다. 관장님이 꽉 잠긴 목소리로 적막을 깼다.

"황길아, 고생했다. 그만하자."

무슨 일이 있어도 남들 앞에서 눈물 한 방울 보이지 않던 관장님의 두 뺨에 눈물이 흐르고 있었다. 관장님을 쳐다볼 수가 없었다. 나 역시 하염없이 흐르는 눈물 때문에도 앞이 잘 보이지 않았다.

세계챔피언이 되는 꿈, 제자를 세계챔피언으로 만드는 꿈, 같은 꿈을 함께 꿨던 관장님과 나, 우리 둘은 집으로 돌아가는 차 안에서 하염없이 눈물만 흘릴 뿐 아무말도 하지 않았다.

얼마 후 나는 은퇴를 선언했다.

안녕하세요. 김황길입니다.

망막박리 후 후발성 백내장으로 인해 더 이상 선수 생활을 못 하게 되었습니다. 또 다른 미래를 위해 은퇴를 하게 되었습니다. 기대해주시고 응원해주신 모든 분들께 죄송한 마음을 전합니다.

2016년 10월에 데뷔해 2022년 지금까지 정말 후회 없이 최선을 다해 운동을 했던 것 같습니다. 스물여섯 살에 복싱을 시작한 저는 초등학생, 중학생 때 시작한 선수들을 따라잡기 위해 정말 몇 배는 더 노력해야 한다고 생각했습니다. 첫 시작은 배우 프로필에 '복싱 프로선수' 타이틀 하나 넣자는 바람 때문이었는데, 처음 연극에 빠졌을 때처럼 저는 곧 복싱에 빠져 버렸습니다.

'한남권투'에서 김한상 관장님을 만났고, 주영이 형과 일권이 형에게 많은 가르침을 받았습니다. 챔피언급인 형들의 운동을 따라가기에 한참 부족했지만 버티고 버텼습니다. 그러다 빠른 데뷔전을 할 수 있었고 한국챔피언, 아시아챔피언의 목표가 생겼고 마지막으로 세계챔피언의 꿈을 갖게 되었습니다.

한 시합에 뛰어야 할 라운드 수가 늘어날수록 상상도 하기 어려운 운동량을 버텨야 했습니다. 너무 힘들었습니다. 그래서 저는 모든 운동선수를 존경합니다. 그저 버티고 또 버티다 보니 이 위치에 오게 되었습니다.

태국에서 열릴 인도 선수와의 경기만 이기면 세계 랭킹에 진입하게 되고, 드디어 세계타이틀까지 몇 경기 남지 않았음을 알고 더 노력했습니다. 지든 이기든 그저 최선을 다해 운동했습니다. 사실 매일밤 다음날이 두려웠습니다. 아침부터 저녁까지 이어지는 고된 운동이 너무 힘들어 한강에 뛰어들고 싶은 적도 있었고, 한번 잠들면 이대로 깨어나지 않으면 좋겠다고 생각한 적도 여러 번이었습니다.

내가 왜 이 힘든 걸 하고 있을까 반문할 때마다 내가 세운 목표가 있고, 꿈이 있고, 내 경기를 기대하시는 분들, 후원해주시고 응원해주시는 분들이 있다는 생각을 하며 다시 버틸 수 있었습니다. 지금 당장 은퇴해도 후회하지 않을 정도로 열심히 했습니다. 제가 운동하는 모습을 옆에서 지켜보신 분들이라면 아시리라 믿습니다.

2021년 9월, 한쪽 눈이 안개가 낀듯 시야가 흐릿해진 후 망막박리 수술을 하게 되었고, 다행히 수술이 잘 돼서 다시 운동을 할 수 있게 되었습니다. 그래서 타이틀시합도 잡혔고, 미국과 영국에서 오퍼도 받을 수 있었습니다. 하늘이 준 기회라 생각했습니다. 수술한 눈이 조금 불편하긴 했지만 무시했습니다. 눈보다 꿈이 더 중요했으니까요.

그 후로 스파링을 할 때마다 눈이 부예지는 걸 느꼈지만 그냥 넘겼습니다. 그러다 2022년 2월 13일 레전드 매치 1라운드가 끝나자마자 수술한 왼쪽 눈이 점점 보이지 않기 시작했습니다. 하지만 그날은 관객들과 내 자신과의 약속이었기에 끝까지 시합을 했습니다. 이후 심각성을 깨닫고 안과에 가서 검사를 한 결과 후발성 백내장이 찾아온 것을 알았습니다. 수정체를 교체하고 렌즈를 삽입해야 했습니다. 렌즈를 삽입하면 더 이상의 시합은 불가능해집니다.

저는 한쪽 눈을 잃더라고 세계챔피언의 꿈을 꼭 이루고 싶다고 의사 선생님께 간곡히 부탁했습니다. 그때 관장님이 이제 그만하자며… 저를 말리시더군요.

하늘이 원망스러웠습니다. 하늘은 왜 내가 하고 싶은 것도 못 하게 하는 걸까. 은퇴 선언의 글을 쓰기까지 한동안 우울증에 빠져 살았습니다. 죽고 싶었습니다. 그런데 제 나이 이제 서른둘밖에 되지 않았더군요. 세계챔피언이 되려고 버티며 훈련

해왔던 힘으로 더 열심히 살면 분명 행복해질 수 있음을 깨달았습니다.

지금까지 아무것도 아닌 저를 응원해주시고 후원해주시고 기대해주신 모든 분들께 감사의 말씀 드립니다. 그리고 죄송합니다. 함께 스파링해주고 도움 주신 선수분들, 한남권투 식구들, 관장님, 가족들, 그리고 여자친구에게도 감사합니다.

운동은 그만두지만 앞으로 복싱계의 발전을 위해 노력하겠습니다. 그리고 저의 또 다른 미래를 위해 지금까지보다 더 열심히 꿈을 꾸며 살아보겠습니다.

긴 글 읽어주셔서 감사합니다.

그럼에도 인생은 직진이다

주어진 시간이 별로 없었다. 복싱 선수 대부분이 30대가 되면 은퇴를 고민한다. 삶의 속도는 사람마다 다르지만 스물여섯 살에 시작한 복싱을 얼마나 더 할 수 있을까 싶었다. 그래서 일찍 복싱을 시작한 다른 선수에 비해 늦게 시작해 생긴 세월의 간극을 빠르게 메우고 싶었다. 한국챔피언이 되고, 아시아챔피언까지 획득하고 나니 세계챔피언이 코앞이었다. 내가 제일 잘하는 것은, 어떠한 시련이 와도 '지금 이 순간'이 처음이자 마지막이란 생각으로 묵묵히 한 발 한 발

앞으로 나아가는 것이었다. 그것이 나를 터미네이터로 불리게 한 '직진 복싱'이었다.

한남권투는 본래도 가드를 단단히 붙이고 잽을 치며 상대방을 압박해 들어가 짧은 거리에서 싸우는 스타일을 추구한다. 그런데 김한상 스승님이 늦게 시작한 나를 더 의식해서였을까, 본래 스타일보다도 더 강하게 압박 복싱을 주문했다. 연습 스파링 중에도 한 발이라도 물러나면 코너에 서 있다가 "왜 뒤로 빠져, 이 새끼야! 잽을 치고 앞으로 흔들면서 들어가라고!" 소리치며 멘탈조차 압박하는 스승님이었다.

그리고 하루에 한 번은 꼭 컴퓨터 앞에 앉아 시청각교육을 받았다. 한국의 복싱 영웅 장정구 챔피언, 유명우 챔피언, 불도저라 불리는 박영균 챔피언, 아르헨티나의 복싱 영웅 마이다나 등 물러서지 않고 직진하는 선수들의 영상을 주로 보며 그들의 기술을 습득해 연습하고, 연습하고, 또 연습했다. 뇌에 주입시키고 습관을 들였다. 습관보다 무서운 것은 없으니까. 나는 같은 동작을 무한 반복했다. 링 위에서 무의식적으로 튀어나오게 만드는 게 목적이었다.

가드를 단단히 붙이고 잽을 치며 압박하는 '오직 직진'뿐인 나의 복싱 스타일을 가장 잘 보여준 시합은 WBA 아시아 라이트급 타이틀 매치 이기수 선수와의 1차 방어전일 것이다. '오직 직진' 타이틀에 걸맞는 화끈한 시합이었다. 필리핀의 복싱 영웅 파퀴아오는 12라운드 동안 1,200개라는 엄청난 개수의 펀치를 뻗었다. 그날 나는 세계챔피언 파퀴아오보다 100개 더한 1,300개의 펀치를 뻗었다. 한 대를 맞아도 씨익 이빨이 보이게 웃고, 만세를 하며 어디 한 번 또 때려보라고 상대방을 도발하면서 결국은 승리를 가져왔다.

나는 복싱을 시작하고 나서 단 한 번도 턱이나 바디를 맞고 다운당한 적이 없었다. (주영이 형과 연습 스파링 때 리버샷(바디)을 맞고 다운된 것 빼고) 가끔은 내가 원래 강한 인간인가 싶다가도 모두 김한상 관장님의 지도 아래 혹독한 훈련으로 길러진 몸과 멘탈이라고 생각하게 된다. 세계 랭킹 2위든 은메달리스트 헤비급 국가대표든 어떠한 선수의 주먹도 아프다고 느낀 적이 없었다. 나보다 10킬로그램 이상 몸무게가 더 나가는 복서한테 맞아도 열 대로 갚아줬고, 직진해 들어가다가 한 대를 맞아도 스무 대로 되갚아줬다.

그래서였을까? 겉은 멀쩡하지만 속은 엉망인 부실공사처

럼 내 눈도 점점 어둠으로 빨려 들어가고 있었는지도 모르겠다. 조금만 더 일찍 발견했다면 레이저로 간단하게 시술해서 완치되었을지도 모르겠다. 그럼 지금쯤 17년 만에 대한민국에서 세계챔피언이 나왔다며 복싱 영웅이 되었을지도 모르겠다. 가끔은 후회한다. 조지 포먼처럼 마흔다섯 살에 세계챔피언이 되어도 좋으니 압박 복싱을 하지 않고 메이 웨더처럼 회피하며 안 맞는 복싱을 했으면 좋았을 텐데라고.

하지만 또 생각한다. '오직 직진' 작전이 없었다면 지금의 내가 없었을 거라고. 결과와 상관 없이 어떠한 선택도 내 몫이기에 후회하지 않기로 했다. 이제는 복싱을 못 해도 괜찮다. 정말로 하늘에 맹세코 '복싱' 하나에 미쳐 최선을 다했으니까.

철인 3종의 꿈

은퇴의 글을 올린 후 슬픔이 지속됐다. 의욕도 동기도 사라지고 생각하는 힘도 수면 기능도 하나같이 바닥을 쳤다. 남산을 뛰어오르고 샌드백을 두드릴 때의 '기'는 사라지고 컴컴한 동굴에 갇힌 듯 비척대며 걸었다. 쉬면서도 자면서도 '나는 누구인가?'라는 질문이 꼬리표처럼 따라다녔다. 좋아하던 영화를 돌려봐도, 감동적인 명대사를 들어봐도 예전 마음은 돌아올 생각이 없었다. 그렇게 거의 한 달을 우울증에 빠져 지냈다.

이대로는 안 되겠다 싶어 나의 삶을 되돌아봤다. 복싱을 시작하고 지금까지의 과정들을 하나하나 되짚어봤다. 그리고 복싱했을 때의 기억들을 하나씩 삭제하기 시작했다. 완전히 없애버리고 싶은 건 아니었다. 지금 당장 우울증에 빠져 있는 나를 구하는 과정일 뿐이었다.

그 길에 깨달음이 찾아왔다. 그 힘든 과정이 없었다면 지금의 나도 없었겠구나. 살아갈 인생이 아직 많이 남았구나. 세계챔피언의 꿈을 잃더라도 또 다른 꿈을 가질 수 있겠구나. 그리고 아직 내가 살아있다는 것에 감사한 마음이 들면서, 나의 기질을 제대로 발휘할 수 있는 다른 꿈을 찾으면 되겠다는 생각에까지 이르렀다.

마음이 바뀌어가는 중에 유튜브에서 '철인 3종 경기'를 우연히 보게 되었다. 멈춰 있던 심장이 조금 떨렸다. 조금이라도 심장의 떨림이 느껴진다면 그 느낌을 믿고 달려가기로 결심한 터라 영상을 본 다음 날 바로 '아쿠아슬론 철인 경기'에 참가 신청서를 내고, 수영장에 등록하고, 달리기를 시작했다.

한 달이나 삶을 짓누르고 있던 우울증이 운동을 다시 시작하면서 조금씩 사라지기 시작했다. 알 수 없는 두려움, 화, 답답함이 실은 모두 허상이었음을 알게 되었다. 무엇보다 나에게 처한 어려움을 이겨낼 수 있는 힘이 바로 나 자신에게서 나왔음을 깨달았을 때, 드디어 인생이 내준 숙제 하나를 풀어낸 기분이었다.

매일 새벽에 일어나 수영 한 시간, 사이클 한 시간, 달리기 한 시간을 했다. 첫 시합에 나가자마자 나보다 경험이 오래된 선수들을 이기기 쉽지 않겠단 생각은 들었지만 무조건 목표는 1위였다. 복싱을 했을 때처럼 한계를 뛰어넘는 훈련을 하면 가능할 거라고 생각했다. 시합까지 남은 기간은 2개월. 역시 힘들지 않은 운동은 없다. 수영장 물을 먹으며, 구봉도 바닷물을 먹으며, 바닷물보다 더 짠 내 땀을 먹으며 훈련했다. 조금씩 떨리던 심장이 두근대기 시작했다. 그리고 다시 한 번 다짐했다. 평생 심장의 떨림을 믿는 삶을 살겠다고.

두 달 동안 달리고 헤엄치고 달리고 헤엄치고를 반복했더니 어느새 자신감이 차올랐다. 첫 시합 당일, 생각보다 많은 사람들이 응원을 와주었다.

"첫 번째 시합인데 떨리지 않아요?"

"복싱했을 때처럼 준비했기 때문에 떨리지 않습니다."

인터뷰를 마치고 고개를 돌려 헤엄쳐야 할 한강을 바라

보았다. 실은 무척 떨렸다. 인터뷰에서 떨리는 마음을 들키기 싫어 최대한 웃으며 덤덤한 척했다. 속으로는 눈을 감고 기도했다. 중도에 한강에 빠지는 일 없이 끝까지 완주만 하게 해달라고.

코로나19 이후 처음으로 열리는 철인 경기여서인지 신청자가 꽤 많았다. 선수들과 섞여 준비운동을 하는데 그들의 '기'가 느껴졌다. 어떤 운동이든 열심히 준비한 사람은 멀리서도 티가 나기 마련이다.

시합 10분 전 10대, 20대, 30대… A코스, B코스… 진행자의 지시에 맞춰 줄을 섰다. 30대 코스에 줄을 서서 나도 모르게 상대선수들을 쭉 훑어봤다. 눈이 마주치면 반갑게 인사를 해줬지만 웃음 뒤로 '내가 널 이길 거야'라는 서브텍스트가 읽혔다. 나도 질 수 없지, 절대 물러서지 않으리라 다짐했다.

경기 시작을 알리는 총소리가 울렸다. 다이빙으로 한강에 뛰어들었다. 그동안 수영장, 바다, 한강에서 해온 그대로 연습 때처럼 호흡하고 팔을 휘둘렀다. 그럼 연습한 대로 잘될 줄 알았다. 그런데 이게 무슨 일인가. 혼자 연습할 때와 다르게 물 속에 사람이 너무 많았다. 팔을 휘둘러야 하는데 옆사람과 부딪히지 않을 도리가 없었다. 어느새 나에게 어깨동무를 하는 사람까지 생겼다. '한강에서 친구라도 하자는 건가?' 좀 어이가 없기도 하고 웃기기도 했다.

어깨 위로 올라온 손이 내 몸을 짓누르는 게 느껴졌다. 물속으로 빠지는 느낌이 들면서 어깨에 힘이 들어가니 호흡이 가빠졌다. 이대로 가다가는 한강에 빠져 죽을 것만 같았다. 미안했지만 상대방 팔을 확 밀쳐냈다. 코스길 자체는 넓었지만 워낙 많은 사람들이 뒤엉켜 있어서 앞으로 나아가기가 힘들었다.

시야 확보도 잘 안 되고 방향감도 무뎠지만 속도를 올려 선수들 사이로 들어갔다. 그 순간 누군가 발로 내 턱을 강타했다. '복싱 시합을 하면서도 이렇게 맞은 기억은 없는데…' 손과 다리에 힘이 풀리며 시야가 흐려졌다. 저 멀리 보이는 안전요원을 향해 손을 흔들려다가 일단 옆에 안전줄을 잡고 버텼다. 하마터면 포기할 뻔했는데 20초 정도 호흡을 가다듬고 나니 몸이 다시 돌아왔다. 늦은 건 달리기에서 따라잡으면 된다고 위안을 했다. 지난 두 달간 해온 훈련을 믿고 다시 앞으로 나아갔다.

750미터가 이렇게 길 줄이야. 실내수영장에서는 분명 100미터에 2분 10초 기록이었는데 지금은 3분이 넘은 것 같았다. 과연 오늘 안에 도착이나 할 수 있을지 의구심이 들 정도였다. 팔과 다리에 무게추가 달린 듯 무거웠다. 은퇴하기 전에는 감량을 위해 옷을 겹겹이 입고 한강변을 뛰면서 한강에 빠져 죽고 싶다는 생각을 했는데, 지금은 실제로 한강에 빠져 죽을 지경이었다. 이제 반대로 한강에서 빠져나가 살고 싶었다. 그래서 멈추지 않고 헤엄을 쳤다. 멀게만 느껴지던 도착점에 드디어 도착했다.

한강물을 얼마나 먹었는지 나오자마자 구역질이 났다. 다리는 미치도록 후들거렸다. '황길아, 빨리 옷 갈아입고 이제는 뛰어야 해!' 뇌에서 다리 근육에 명령을 전달했지만 고장이 났는지 몸이 말을 듣질 않았다. 경쟁자들이 치고 나가는 걸 보고서야 정신이 들었다. 질 수 없다. 1위가 목표인데 이대로는 순위권에도 들지 못한다. 두 주먹을 불끈 쥐고 허벅지를 때리면서 걸었다. 탈의장에 도착했지만 젖은 웻슈트를 벗는 일도 만만치 않았다. 몇 번이나 연습하고 이미지트레이닝도 했건만 계속 버벅거렸다.

"얼른 갈아입고 뛰러 가야 해요!"

응원하러 와주신 분들이 소리치는 말을 듣고서야 정신을 차렸다. 말을 듣지 않는 다리를 끌고 드디어 달리기를 시작했다.

수영 기록이 별로라 달리기에 승부를 걸어야 했다. 초반에 스퍼트를 내야 하는데 꽉 뭉쳐 여전히 움직이지 않는 다리가 너무 답답했다. 드래곤볼 만화에 나오는 회복의 콩 같은 게 있다면 얼마나 좋을까. 500미터쯤 달렸나? 준비된 음료수 반 컵을 마시고 시원한 얼음물을 머리에 부렸다. 몸이 조금씩 풀리는 것 같자 속도를 올렸다. 1킬로미터에 4분 30초대를 찍었다.

30미터 앞에 익숙한 번호가 보였다. 수영할 때 나를 훨씬 앞섰던 사람이다. 수영에선 뒤처졌을지 몰라도 결국 따라잡았다. 이 선수도 날 알아봤을까 궁금했다. 복싱 선수시절 그렇게 한강을 많이 뛰었으니 달리기 선수가 아닌 이상 나를 따라잡기는 힘들 터였다. 약간의 희열이 느껴졌다.

자신감이 차오르면서 1킬로미터에 4분 5초대로 올라섰다. 한강에서 나를 앞서가던 선수들이 하나둘씩 뒤로 처지기 시작했다. 남은 거리는 1.5킬로미터. 목표가 눈앞에 있으니 없던 힘이 나기 시작했다. 300미터를 놔두고 갑자기 발목에 통증이 왔다. 잠시 멈춰 파스를 뿌리고, 스트레칭을 하고 10초만에 다시 달렸다. 그리고 남은 힘을 쏟아부어 초스피드로 달렸다.

"김황길 님 고생하셨습니다. 결승점 통과 축하드립니다!"

그대로 바닥에 주저앉았다. 사진이 찍히는 줄 알았으면 더 멋있게 들어올 것을 있는 대로 인상을 쓰며 결승선을 통과해버렸다. 응원하러 와주신 분들이 박수를 보내줬다. 심장이 떨렸다.

46분 54초, 30대부 3위

역시 심장의 떨림을 믿고 한 내 선택이 틀리지 않았구나. 비록 1위는 못 했지만 첫 번째 시합에서 순위권에 든 것만도 어딘가 싶었다. 2위와 겨우 10초밖에 차이 나지 않는 기록이었다. 한강에서 어깨동무만 당하지 않았더라면, 중간에 물 마시는 시간을 아꼈더라면, 결승선을 앞두고 발목 통증을 참았더라면…. 아쉬움은 많았지만 무대에 올라 철인 3위 메달을 목에 걸고 사진을 찍었다. 사진 속엔 은퇴 후 우울증에 빠져 지냈던 암울한 나는 없고, 목에 메달을 걸고 브이를 한 채 입꼬리가 광대뼈에 걸릴 만큼 활짝 웃고 있는 밝은 내가 있었다.

작가의 꿈

철인 3종 경기를 준비하는 와중에 출판사에서 연락이 왔다. 내 마지막 시합이었던 권오곤 선수와의 '레전드 매치'를 보고 '저 사람은 어떻게 남들보다 몇 배나 많이 주먹을 낼 수 있을까? 어떤 훈련 과정이면 저렇게 강한 사람이 나올 수 있을까?' 나에 대해 궁금했다고 한다. 내 인생 스토리가 특별해 보인다며 출판 제안을 해왔다.

글이라면 대학교 연기학과를 다니면서 희곡을 써본 게 다였다. 책도 많이 읽지 않는 나였다. 하지만 자취방에 앉아 희곡을 쓰고 무대에 올리는 과정이 즐거웠기에 출판사의 제안을 거절할 이유가 없었다. 무엇보다 제안을 받자마자 심장이 떨렸다. 나는 한치의 망설임도 없이 글을 읽고, 배우고, 쓰는 작가가 되어보겠다고 했다. 그렇게 작가의 꿈이 생겼다.

나에게 꿈은 목표의 다른 말이다. 목표를 세웠으면 계획을 세우고 실천을 해야 한다. 꿈은 행동하지 않으면 이루어질 수 없다. 당장 글을 쓰기 시작했다. 그러나 흥분 상태에서 나 혼자 쓴 글들은 주저리주저리 나를 설명하는 건조한 설명문이 되었다. 내가 '왜' 글을 쓰는지 이유가 빠져 있었다. 독자에게 '무엇을' 주고 싶은지 목적이 빠져 있었다.

연기를 했을 때 나는 영화 <태극기 휘날리며>에 나온 배우들처럼 스크린에 나오고 싶었고, 관객들이 내 연기를 보고 감동을 받았으면 좋겠다는 구체적인 이유가 있었다. 복싱을 했을 때는 배우 프로필에 '복싱 한국챔피언' 한 줄을 넣고 싶다는 포부가 있었고, 그 후엔 세계챔피언이 되어 부와 명예를 다 얻고 싶다는 열망이 존재했다. 그렇다면 작가는?

작가가 되기 위해 구체적인 행동을 시작했다. 오전 6~9시까지는 철인 경기를 위해 운동을 했고, 체육관으로 출근하기 전 9~10시까지 한 시간 동안 매일 글을 썼다. 먼저 대

주제를 잡고 목차를 짰다. 정해진 목차를 기본으로 마인드맵을 활용해 길을 만들며 글을 썼다. 예를 들면 '운동 ➡ 복싱 ➡ 샌드백 ➡ 스파링'처럼 구체화시키는 작업이다. 글이 한 줄도 안 써질 때도 있었지만 하루에 한 페이지는 꼭 쓰기 위해 노력했다.

"혹시, 사람들 앞에서 강연을 해보시겠어요? 지금 쓰고 있는 글을 토대로 이야기하시면 됩니다."

강연이라고? 심장이 떨렸다. 역시 망설이지 않았다. 2주 만에 원고를 써서 예행연습을 했다. 걱정과 달리 칭찬을 받았고 자신감이 생겼다. 몇 주 뒤 실제 강연을 했다. 심장이 떨리는 길을 따라 걷는 내 삶의 이야기를 관객들에게 들려줬다. 대학생들 앞에서도 한 번, '책과강연' 비즈인큐 인문학 강연에서도 한 번, 그렇게 총 세 번의 강연을 했다.

강연 후 나에게 있어 '무대'란 남다른 의미임을 알게 되었다. 연기를 하고 싶었던 이유도 무대에 서고 싶은 마음 때문이었고, 복싱을 하면서 한계를 뛰어넘을 수 있었던 것도 링이라는 무대에서 승리를 쟁취했을 때 내가 가장 행복했기 때문이며, 철인 3종 경기도 마지막에 메달을 목에 거는 순간 무대에 오른 느낌이었기 때문이다. 예상치 못한 부상으로 더 이상 무대에 오를 수 없게 되었다고 느꼈을 때 우울감으로 인생 바닥을 찍은 걸 봐도 그렇다.

내 인생 스토리를 이야기하는 '강연'을 하면서 만난 또 다른 무대가 내 심장을 다시 떨리게 만들었다. 내게 있어 무대에 오르는 날은 삶에서 주인공이 되는 날이기 때문이다. 그리고 이 모든 이야기를 책으로 내는 날, 나는 인생에서 가장 큰 '무대'에 오를 수 있을 것만 같다. 그날을 위해 나는 오늘도 쓴다.

배우의 꿈

나는 꿈이 있다면 당장 실행해야 하고, 속에 있는 마음을 당장 꺼내지 않으면 답답해 미칠 것 같다. 나에게 있어 꿈이란 세상을 살아나갈 힘과 다름없다. 세상에 나만 이런 생각을 하겠는가. 그러니 조금이라도 먼저 시작하는 사람이 꿈을 이룰 가능성이 크다고 생각한다. 복싱계에서 은퇴 선언을 하고 배우의 꿈이 다시 내 삶의 동력이 되었다.

연기과 동기 50명 중 졸업 후에도 연기를 하는 동기는 채 열 명도 되지 않는다. 그중에 세 명이 이승진, 윤상원, 그리고 나, 김황길이다. 같은 꿈을 꾸는 우리는 가끔 여행을 떠나 언젠가 같이 무대에 오르는 날이 왔으면 좋겠단 다짐을 한다. 살다 보면 돌부리에 걸려 넘어질 때도 있고 오뚜기처럼 우뚝 설 때도 있다. 공연을 함께 하는 우리는 서로를 항상 제대로 알아주며 활력 있게 살 수 있도록 서로를 응원해준다. 좀 늦었지만 배우의 꿈을 함께할 수 있는 동료들이 있다는 사실에 행복하고 감사하다.

그럼에도 체육관을 운영하느라 배우가 되겠다는 노력에 잠시 소원해졌던 어느 날 SNS에서 2인극 연극페스티벌 공고를 보게 되었다. 심장이 요동쳤다. 바로 신청 버튼을 눌렀다. 연기상이나 최우수작품상이 목표가 아니라 그저 배우로서 무대에 오르고 싶었다.

그날부터 창작극 시나리오를 집필하기 시작했다. 무엇을 쓸지 고민의 시간도 잠시, 나는 내 진짜 이야기를 쓰기로 했다. 한계를 뛰어넘으며 달려왔던 짧지만 강렬했던 나의 복싱 인생에 대해. 한국챔피언이 되고 싶다는 나의 말 한 마디로 시작된 관장님과 나의 7년 간의 꿈을 이루기 위한 여정, 세계챔피언을 눈앞에 두고 부상으로 꿈을 접게 된 한 선수의 이야기를 말이다.

바이크를 타고 달려 도착한 한적한 한강의 어느 카페에 앉아 노트북을 켰다. 7년 간의 인생을 돌아보자니 키보드 위에서 손가락이 절로 움직이기 시작했다. 볼을 타고 흐르는 차갑고도 뜨거운 눈물이 키보드 위로 떨어져내렸다. 살면서 이렇게 울어본 적이 있을까. 2인극에 등장할 두 인물의 대사를 쓰는데 그리 오래 걸리지 않았다. 복싱을 하며 하루하루를 포기하지 않고 살아갔던 진짜 이야기를 담담히 써내려갔기 때문이다.

연극 <골드로드>가 2인극 연극페스티벌에 선정되었습니다

2024년 겨울, 나는 8년 만에 다시 무대에 오르게 되었다. 이번에는 복싱 선수가 아닌 연극 배우로 말이다.

4장
지금을 즐겨라

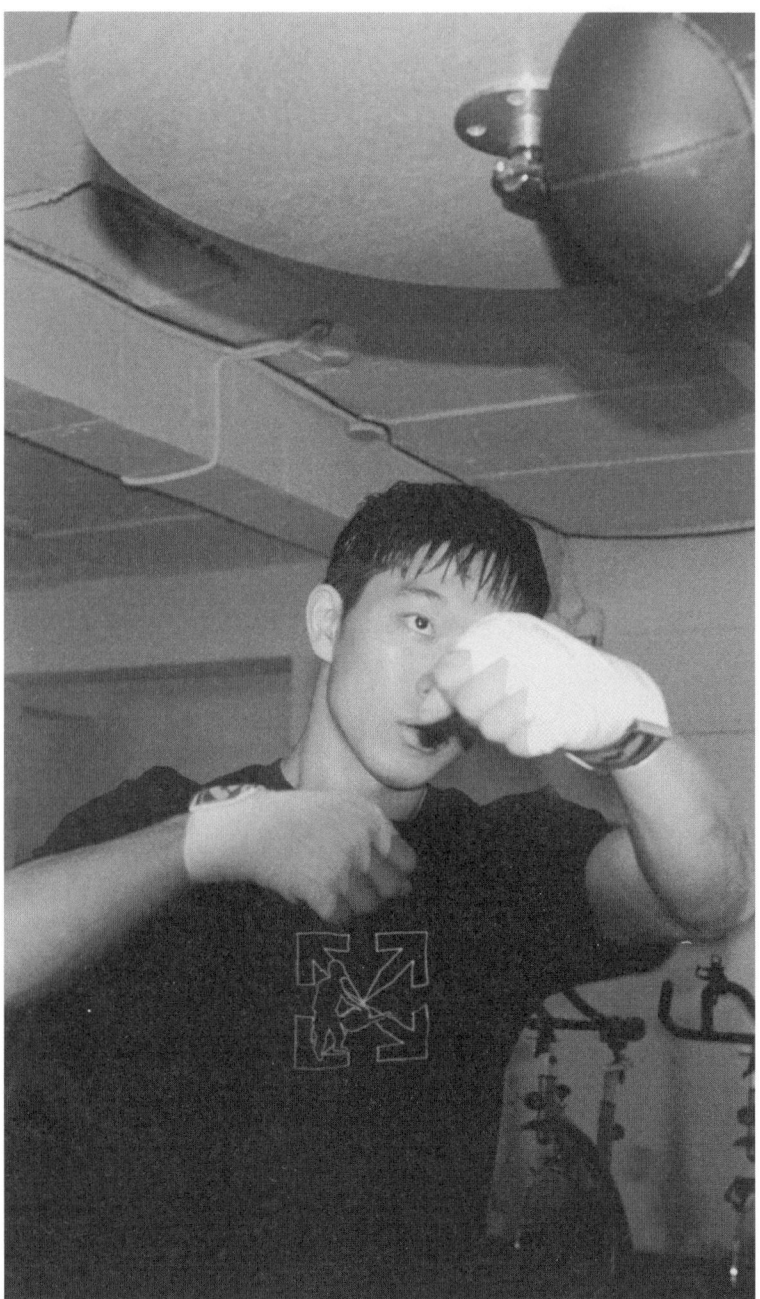

상황을 탓하면 발전이 없다

I gotta keep breathing. Because tomorrow the sun will rise. Who knows what the tide could bring?
계속 숨을 쉬어야 해. 내일은 내일의 해가 뜰 거니까. 파도가 무얼 가져다줄지 누가 알겠어?

영화 〈캐스트 어웨이〉의 주인공 척 놀랜드(톰 행크스)의 명대사다. 세상에서 가장 바쁜 사람인 양 세계를 돌아다니며 시간에 쫓겨 살아가는 주인공 척은 어느 날 사랑하는 여자와의 데이트도 제대로 끝내지 못하고 회사로 돌아가다 비행기 사고를 당한다. 눈을 떠보니 바다 한가운데 무성한 나무, 높은 암벽, 아무도 살지 않는 무인도에 떨어졌다. 그러나 끝까지 포기하지 않고 1,500일 간의 생존을 향한 고독한 싸움 끝에 결국 척은 탈출에 성공한다.

주인공 척이 그 상황에서 운명만 탓했다면 과연 탈출에 성공할 수 있었을까? 인생에는 내가 통제할 수 없는 수많은 요소들이 있다. 경제적 어려움, 우울증, 불신은 한번 빠지면 헤어나오기 힘들다. 이때 위기를 기회로 극복하겠다 마음 먹고 '꿈과 목표'를 세우고 실행에 옮기는 것도 자신이고, 주변을 원망하고 현실에 주저앉는 것도 자신이다. 누구도 내 인생을 책임져주지 않는다. 모두 자기 마음가짐에 달린 일이다.

변화를 원한다면 아무리 힘든 상황에 처해도 맞서 싸우겠다는 자신감과 용기를 잃지 말아야 한다. 꿈을 이루는 과정에서 생기는 기회와 희망을 놓쳐서도 안 된다. 내면의 숨겨진 힘을 믿어라. 의심하지 마라. 고민하지 마라.

절대 상황을 탓하지 말고 자신을 믿어라.

저는 재능이 없는 선수입니다

"이 몸치 자식아, 넌 복싱에 재능이 없어."

관장님이 말했다. 맞는 말이지만 자존심이 상했다. 복싱을 해본 적도 없고 민첩함이나 체력을 타고난 것도 아니다. 나이도 벌써 스물여섯. 이대로는 어릴 적부터 시작한 선수들을 이길 재간이 없다. 다만 나에겐 노력하는 재능이 있다. 포기하지 않는 재능이 있다.

누구는 음악을 잘하지만 덧셈 뺄셈 구구단을 못 하고, 수학을 잘하지만 음치박치일 수 있다. 사람마다 가진 재능은 다르기 마련이다. 재능이 없다고 말하는 사람도 분명 숨은 재능이 존재한다. 아직까지 발견하지 못했다면, 그건 자신을 탐구하는 데 시간을 투자하지 않았다는 뜻이다.

재능을 발견했다 치자. 아무리 재능이 좋아도 노력하지 않으면 또 도태되기 마련이다. 처음에는 재능만으로도 정상에 오를 수 있다. 하지만 노력하지 않으면 정상에서 계속 버틸 수 있을까? 무엇이든 장기전으로 가려면 지금 이 순간 집중하고 모든 힘을 쏟아붓는 노력이 가장 중요한 덕목이다. 포기하는 순간 딱 거기까지다. 더 나은 삶이 찾아올 리 없다.

재능과 노력 중에 하나를 선택하려 하지 말고, 노력으로 재능까지 손에 넣는다고 생각하자. 내가 바로 살아있는 증인이다. 재능 없이 노력 하나로 아시아챔피언까지 올라온 나를 보라.

관장님과 함께 복싱 세계챔피언들의 영상을 본 적이 있다. 그걸 보며 관장님은 이렇게 말했다.

"챔피언들이 이 영상에 나온 만큼만 운동할 것 같아? 이건 보여주기야. 뒤에서 남모르게 엄청난 훈련을 했기 때문에 챔피언이 된 거야. 링 위에서 자신만의 기술이 나오려면 한 가지 기술에만 최소 10만 번의 연습이 필요해."

모든 복싱 선수들이 하는 말이 있다. "앞 손이 세계를 제패한다" 나도 왼손 잽 기술을 나만의 기술로 만들고 싶었다. 그런데 왼손 잽 하나로만 샌드백을 쉬지 않고 치는 건 너무 힘들었다. 점점 손이 저려왔다. 샌드백 밑으로 땀이 뚝뚝 떨어져 흥건히 모였다. 하루에 잽을 1천 번 친다고 하면 30일이면 3만 번이고 3개월 하고 열흘이면 10만 번이다. 하루에 1천 번을 치려면 1라운드가 3분이고 2초에 한 번 치는 경우라면 10라운드를 쉬지 않고 쳐야 했다. 처음엔 100번도 힘들었지만 결국엔 10라운드를 해냈다.

하나의 기술을 10만 번이나 반복하면 지겹지 않을까 싶겠지만, 그렇지 않다. 잽이라고 다 같은 잽이 아니다. 어느 각도 어느 타이밍에 어떤 속도로 치느냐에 따라 다 다른 잽이 나오기 때문에 내가 원할 때 원하는 잽이 나오게 하는 연습이다. 오히려 매번 같은 잽을 날리기가 더 어렵다.

웹툰 〈더 복서〉에서 '쟝'이라는 장발의 복서는 예술가라 불린다. 누구든 쟝 앞에 서면 두려움에 떨다 어느새 링 위에 쓰러진다. 쟝이 가진 단 하나의 기술 '잽' 때문이다.

쟝은 한 가지 기술을 연마하는 데 한 시간이 걸릴 때도 있고 며칠이 걸릴 때도 있다. 온몸에 기를 불어넣는데 일단 자세를 잡고 발부터 시작해 종아리, 허벅지, 골반, 허리, 가슴, 어깨, 목을 거쳐 팔에서 쥐고 있는 주먹까지 모든 근육 신경 세포 하나하나를 느낀다. 심호흡을 한 뒤 내던지는 주먹에서 느껴지는 공기압과 바람의 저항, 샌드백에 닿는 정권의 느낌까지 모두 세세하게 느낀다. 조금이라도 흐트러지면 처음부터 다시 시작한다. 연습을 무한반복하지만 예술에 완벽이란 없기에 매번 무엇이 정도인지 고민에 빠지기도 한다. 답 없는 과정 속에서 어떻게든 답을 찾아내려는 노력. 쟝의 꿈은 재능이 아닌 노력으로 채워지고 있었다.

노력 위에 노력이 쌓이고 그 위에 다시 노력이 쌓이면 그제야 하나의 기술이 만들어지고 그것이 모두를 쓰러뜨릴 나의 무기가 될 것이다.

한계를 뛰어넘고, 뛰어넘고, 또…

배고프다. 목마르다. 숨쉬기 힘들다. 미칠 것 같다. 죽을 것 같다. 한계에 도달했다. 더 이상은 넘지 못할 것 같다.

훈련을 하면서 여러 번 했던 생각들이다. 모든 것은 핑계일 뿐임을 안다. 분명 뛰어넘을 힘이 남아 있는데 순간의 고통을 참지 못해 포기하는 것이다. 참으로 어리석은 일이다. 달리다 보면 체력이 딸려 숨이 가쁠 수도 있고, 부상이 올 수도 있다. 체력이 부족하면 체력을 올리면 되고, 부상이 오면 치료받고 다시 달리면 된다. 포기하기에는 그동안 들인 황금

같은 시간이 아깝지 않은가.

  42.195킬로미터를 쉼 없이 달리는 마라톤에서 달리는 선수들을 보라. 극단적인 피로감이 느껴지며 몸이 천근만근 무거워지고 발이 도저히 떨어지지 않는 '마라톤의 벽'이라는 30킬로미터 구간. 이 한계를 뛰어넘는 순간 진짜 마라톤이 시작된다. 도저히 더는 못 뛸 것 같은 상황인데 걸어서라도, 발을 절뚝이면서라도, 기어서라도 결국 결승점을 통과하는 이들은 모두 자신의 한계를 뛰어넘은 선수들이다. 꼭 1등을 해야만 의미가 있는 것이 아니다.

  "살면서 우리는 수많은 작은 일을 만나죠. 작은 일 하나하나에 최선을 다하고 그 과정에서 즐거움을 느꼈다면 좋은 인생을 살았다고 할 수 있을 거예요."

  1996년 미 애틀랜타 올림픽에서 3초 차이로 금메달을 놓친 이봉주 선수가 한 말이다. 너무 힘들 땐 누가 실수로 넘어뜨려주면 좋겠단 엉뚱한 생각도 했단다. 하지만 인생과 마라톤의 진짜 승자는 1등이 아닌 완주자라면서 포기하지 말고 일어서라고 그는 말한다.

  세계챔피언은 총 12라운드를 뛰어야 하는 시합으로 훈련

과정은 이제까지의 4라운드, 6라운드와는 비교도 안 될 만큼 혹독했다. 지옥이 따로 없었다. 달리기, 섀도복싱, 샌드백, 웨이트 모든 것이 12라운드에 맞춰 진행되었다. 고통은 라운드수만큼만 늘지 않고 열 배 백 배 뻥튀기 되었다. 게다가 파면 팔수록 더 어려워졌다. 복싱은 누가 정답을 맞히느냐의 싸움이 아니라 누가 더 깊게 파고들 수 있느냐의 경쟁이다. 그 깊이에 끝이 없으니 멈출 수도 없다. 그러니 한계를 뛰어넘을 수밖에.

'파워 샌드백'이라는 훈련이 있는데 정해진 라운드 동안 단 1초도 쉬지 않고 계속 주먹을 내는 훈련이다. 당연히 숨이 턱턱 막히고 팔은 바위를 매단 듯 무겁고 너무 힘들어 토가 나올 지경이 된다. 딱 그 순간이다. 그대로 샌드백 앞에 주저앉고 싶은 순간, 어제 100번을 쳤다면 지금 101번을 치는 것이다. 어제보다 딱 한 번만 더 치면 된다. 그 순간이 한계를 뛰어넘는 순간이다. 다음날은 102번, 그 다음날은 103번, 104번, 105번….

물은 99도에서 끓지 않는다. 100도가 되어야 끓는다. 그 마지막 1도가 필요하다. 정말 작은 차이로 1도의 한계를 뛰어넘지 못하면 끓지 않는다. 99도까지 죽을 힘을 다해 올라왔어도 마지막에 주저앉으면 식어서 0도가 되는 건 순식간이다. 그러니 꼭 마지막 한계의 1도를 놓치지 말길 바란다.

한계란 딱 한 번만 뛰어넘으면 다음에 또 뛰어넘을 힘이 생긴다. 그럼 또다시 그것을 뛰어넘고, 또 뛰어넘고, 또…!

포기하지 않는 것

 도전도 하지 않고 불평을 늘어놓는 것만큼 어리석은 행동도 없다. 깨진 거울 속에 비친 돼지 같은 내 모습을 보고 '에이, 그냥 대충 살지 뭐'라고 넘어갔다면 오늘의 내가 존재했을까. 바로 다이어트를 마음 먹었기에, 그길로 복싱에 도전했기에, 더 나아가 챔피언에 도전했기에 많은 기회를 만났고 잡을 수 있었다. 예기치 않은 은퇴로 '자살'도 생각했지만 또 한번 고통에 도전하며 버텼다.

 인생에 꿈과 목표만 있다면 살 이유는 충분하다. 노력이라는 것이 아무리 해도 보이지 않을 때가 있고, 아무리 생각해도 지금 왜 이걸 하고 있는지 모를 때도 있다. 그럼에도 포기하지 않는 것만이 꿈을 이룰 수 있는 유일한 방법이다.

"절대 포기하지 마세요. 제가 할 수 있으면 여러분도 할 수 있습니다."

사지 없이 태어난 남자 '닉 부이치치'의 말이다. 괴롭힘을 당하고, 외로움에 몸부림치고, 자살도 시도했던 그는 결국 자신의 불행을 떨쳐버리고 사람들에게 꿈과 희망을 전해주기 시작하면서 1년에만 몇 만 번의 강연 요청을 받는 사람이 되었다.

그에 비해 나는 어떤가. 팔이 있어서 복싱을 할 수 있고, 다리가 있어서 달릴 수 있다. 내가 그보다 못할 이유가 없다. 못하다면 그건 포기하려는 마음 때문이다. 닉은 포기하지 않았다.

한 번의 아픔도 없이 성공을 바라면 안 된다. 그 아픔이 얼마나 클지는 모르지만 두려워하지 마라. 아픔이 있기에 당신의 성공이 아름다워진다.

포기할 생각이 들거든 도전을 하라. 도전을 하면 기회가 생기고 기회를 잡으면 포기할 수 없게 되니, 그것이 성공의 선순환이다.

다들 내 폼이 이상하대

　모든 스포츠의 기본은 자세라고들 한다. 올바른 자세여야 상대를 정확히 타격할 수 있고 좋은 타이밍을 만들 수 있긴 하다. 몸에 고급 기술을 탑재하려면 기본 자세가 좋아야 한다. 또 자기만의 신체적(팔 길이, 신장, 체중), 심리적 특성을 고려한 연습이 뒤따라야 한다. 효율적인 타격을 가하려면 몸의 중심이 호흡과 함께 유기적으로 움직여야 한다.

　최상위권 복싱 선수들의 시합 장면을 보면 한 마디로 아름답다. 다리와 주먹의 움직임이 정확하고 각이 잡혀 있어 그

림 같다. 타이밍이 너무 빨라 눈으로 따라가질 못할 정도다. 자세가 탐이 나고 따라할 생각이 들고 팬이 되고 싶어진다.

그런데 내 시합 영상에는 이런 댓글이 많다.

"폼이 이상한데… 개싸움도 아니고… 근데 이상하게 잘 때리네."

가드를 단단히 붙이고 상대를 압박해서 코너에 몰아넣고 때리는 모습이 마치 만화 〈더 파이팅〉의 주인공 '일보' 같다고 들 말한다. 왼주먹이 나올 것 같은데 오른주먹이 나오고 세게 칠 것 같은데 잽만 날리고, 상대방이 타이밍을 읽지 못하게 만드는 게 내 특기다. 타이밍을 놓친 상대가 오히려 가드를 바짝 붙이면 마치 망치가 못을 박듯 위에서 정권으로 머리통을 내려찍어버린다. 그럼 상대는 가드를 더 올릴 테고 그 순간 가드가 비는 몸통에 바디샷을 때려버린다. 다운당하면 나의 승리, 만약 뒤로 물러나면 난 또다시 빠르게 압박을 가한다.

불안정한 상태에서 어정쩡한 자세로 주먹을 내지만 어느 순간 상대방은 코너에 몰려 있다. 사실 내 생각은 그렇다. 링 위에서 폼 따위는 중요하지 않다. 기본은 필수지만 나머지는 자신만의 기술과 체력을 변화시키고 채워 넣어서 잘 때리고 잘 막고 점수를 따서 승리하는 것이 중요하다. 설사 승리하지 못하더라도 링 위에서 모든 것을 후회 없이 쏟아붓고 관객들에게 인정을 받는다면 그걸로 족하다. 예술에 정답이 있나, 자기만의 예술 작품을 최선을 다해서 만들고 인정받으면 그게 예술이 아니고 뭐겠는가.

어떤 자세든, 어떤 작품이든, 어떤 삶이든 완벽한 것은 없다. 완벽으로 가는 길이 있을 뿐이다. 그 길 위에서 자기만의 인생 폼을 만드는 게 중요하다. 그만큼 자신의 폼에 대해 충분히 숙고하고 고민해야 한다. 그 과정에서 자연스레 목표가 이루어진다.

내 폼을 욕하는 사람이 있을 때 난 이렇게 말해준다.

"네 폼이 더 이상해."

뚜벅뚜벅

나에게 후퇴란 없다. 상대를 향해 뚜벅뚜벅 발소리를 크게 내며 바짝 따라간다. 키나 체급은 상관없다. 누구는 그런 날 두고 빠르게 치고 빠르게 빠지면 된다고 한다. 그래 빠져보시라. 또 따라가면 그만이다. 가볍기만 한 스텝으로 과연 날 압도할 수 있을까? 내 전진 스텝이 단순해서 패턴이 금세 읽힌단다. 그런데 물러나면 결국 이기는 건 누구겠는가.

"최선의 방어는 공격이다" 한남권투의 스타일이다. 도망갈 곳 없는 사각의 링 위에서 조금이라도 물러나면 두려움에

지는 것이다. 두 뺨에 가드를 단단히 붙이고 전진한다. 가드 위로 주먹이 날아오든 그 주먹이 가드를 뚫고 들어오든 상관없다. 한 대 맞았다고 주춤하지도 아픈 표정을 짓지도 않는다. 씨익 웃고 다시 뚜벅뚜벅 전진한다. 그런 나를 어이없이 바라보다 결국 하얗게 상대가 질려버리면 내 안의 에너지만 커질 뿐이다.

무섭게 날아오는 주먹, 잘 잡히지 않는 발 빠른 상대방이 두렵지 않나 질문을 받은 적이 있다. 당연히 두렵다. 다만, 주먹이 무서워서 도망치면 그만큼 자신감이 없단 뜻이라고 생각할 뿐이다. 강인한 정신력을 탑재하지 않으면 상대를 이길 수 없다. 정신력을 키우려면 훈련밖에 없다. 상대보다 종이 한 장 차이만큼이라도 더 열심히 했다면 승리는 내 것이다.

〈토끼와 거북이〉처럼 복싱도 마찬가지다. 느리지만 멈추지만 않는다면 꾸준히 뚜벅뚜벅 걷는다면 결국 먼저 목표 지점에 도달하는 건 거북이다. 나는 거북이였다. 나보다 몇 년이나 먼저 복싱을 해온 선수를 이기는 유일한 방법은 그들이 쉴 때 나는 멈추지 않고 뚜벅뚜벅 걷고 훈련하는 것뿐이었다. 뚜벅뚜벅 걷기만 해서 한국챔피언과 아시아챔피언까지 될 순 없었다. 그 후엔 백스텝과 사이드스텝을 연습하고, 클린치로 상대방을 안아서 상황을 모면하려는 그 순간에 반드시 이기기 위해 레슬링 연습을 하고, 빠른 발과 주먹을 갖기 위해 아웃파이터 연습을 했다. 그리고 승리했다.

하지만 한 번 진 토끼가 다시 한 번 시합을 하자고 하면 어떻게 될까? 거북이가 질 수밖에 없다. 그럼 거북이는 어떻게 해야 할까? 네가 유리한 땅에서 시합을 했으니 이번엔 내가 유리한 바다에서 하자고 하면 된다. 아니면 시합에 응하지 않는다. 그것이 내 전략이다. 억울하다고 다시 한 번 붙자는 상대에게 뒤처지지 않기 위해 상대보다 먼저 이보 전진하는 연습을 했다고 자신한다. 링이 언제나 나에게 유리한 곳이 되게 만들었다.

지금을 즐겨라

'지금을 즐겨라'는 골드로드 체육관의 관훈이자 내 인생의 좌우명이다. 미국의 심장 전문의 로버트 엘리엇은 '피할 수 없다면 즐겨라'라는 말을 했다. 그런데 실제로 삶을 즐기는 건 말처럼 쉽지 않다.

누구에게나 힘든 과정이 온다. 절대로 이겨낼 수 없을 것 같은 일도 일어나고 피하지 못할 일도 일어난다. 게다가 누구의 도움도 받을 수 없고 오롯이 혼자 해결해야만 하는 상황이라면 고통은 더 크게 느껴진다. 하지만 우리 내면에는 생각보다 훌륭한 자신이 자리잡고 있다. 못할 거라고 지레짐작하지도 말고, 해보지도 않고 포기하지도 말아라. 나를 평생 믿어줄 사람은 '나'뿐이다. 자신을 믿고, 조금이라도 더 행복해지기 위해 지금을 즐겨라.

망막박리로 세계챔피언의 꿈이 좌절됐을 때 차라리 죽는 게 낫다고 생각했다. 더 나은 삶이 기다릴 것 같지 않았다. 그런데 한편으론 이대로 죽기는 싫었다. 죽기 싫다면 선택은 하나다. 어떻게든 이 심연과도 같은 절망의 늪에서 빠져나오는 것. 별다른 방법이 있진 않았다. 그저 최대한으로 두 팔을 휘두르고 두 발을 힘껏 차는 것이다. 바로 지금을 즐기는 것이다.

예를 들어, 출근하면 하루종일 스트레스를 받을 생각에 아침에 눈을 뜨기도 싫다. 그대로 잠들어버릴 것인가, 생각을 전환할 것인가. 배가 고프기 시작하니, 점심에 가장 먹고 싶은 음식을 먹기로 결심한다. 내가 상상한 맛있는 점심을 먹으려면 당장 출근해서 오전 일과를 처리해야 한다. 열심히 일한 만큼 점심은 더 맛있게 느껴진다. 이제 퇴근 후에 어떤 신나는 일을 할지 상상한다. 퇴근 후의 행복을 위해 오후 시간을 또다시 즐겁게 달리면 된다. 그리고 퇴근 후에 오후 내내 바랐던 일을 하면서 작은 만족감을 쌓아나가는 것이다.

작은 만족감과 작은 바람들을 매일매일 이루고 살다 보면 그것들이 쌓여 태산이 된다. 태산이 될 때까지 꾸준함을 유지할 수 있는 사람이 성공하는 것이다. 지금을 만족하며 즐겁게 살지 않으면 태산을 쌓기까지 고통만 따를 것이다.

어릴 때부터 성격이 그랬던 것 같다. 뭐든지 열정적으로, 맡은 일에 최선을 다하고, 특히 즐거운 일에는 더욱더 최선을 다한다. 영화를 보다가 연기에 빠져 연극영화과에 가고, 다이어트를 하려고 시작한 복싱에 빠져 아시아챔피언이 되고, 어쩔 수 없이 은퇴했지만 또다른 꿈을 꿨다. 철인 3종 경기에 나가 3위를 했고, 출판사의 제안으로 작가의 길을 걷고 있다. 내 이름 '황길'을 따서 '골드로드' 복싱체육관을 오픈해 지도자의 길도 걷고 있다. 이 모든 도전에 나는 심장이 뛰고, 지금이 즐겁다.

인생을 즐겁게 살고 싶지 않은가? 그럼 자신의 심장을 믿어라. 꿈을 꿔라. 포기하지 마라. 그리고 지금을 즐겨라.

GoldRoad,
황금길

복싱 선수의 꿈을 꾸게 해준 첫 스파링의 기억은 나에게 아직도 생생하다. 복싱이 주먹만 휘두르는 것이 아니라, 사각의 링 위에서 공격과 방어와 회피의 수 싸움이 펼쳐지는 멋진 스포츠임을, 한계를 뛰어넘는 지점에서 온몸에 피가 도는 심장의 두근거림이 느껴짐을 사람들에게 알려주고 싶다. 복싱을 통해 주먹을 휘두르고 방어하고 회피하며 아래 내용을 습득한다.

- **체력 향상** : 복싱은 전신 운동으로 근력과 지구력을 기른다.
- **스트레스 해소** : 주먹을 휘두르며 스트레스를 효과적으로 해소한다.
- **자신감 증가** : 기술을 배우고 성취감을 느끼며 자신감이 향상된다.
- **자기방어 능력** : 방어와 회피 기술을 통해 위기 상황에서 스스로를 보호할 수 있다.
- **집중력 향상** : 기술 훈련과 경기 중 빠른 판단이 필요해 집중력이 향상된다.
- **유연성 및 균형 개선** : 다양한 동작을 통해 유연성과 균형 감각이 향상된다.

하지만 무턱대고 "한계를 뛰어넘게 해드릴까요?"라고 말한다면 누가 하겠는가. 니체의 말에 '익숙하지 않은 것에 대한 선의, 새로운 것에 대한 호의'라는 말이 있다. 시간과 노력을 들이고 대화와 행동을 통해 믿음을 주는 일이 먼저다. 그래서 나는 권위주의자나 특권 계급의 지도자가 아닌, 동고동락하는 동지로서의 의식을 가지고, 우선순위를 결정하며,

길을 안내하는 용기 있는 사람이 되려고 끊임없이 노력하고 있다.

'할 수 있을까?'란 생각은 쓰레기통에 던져버리고 '그냥 하는 거야'라고 매일 스스로에게 동기부여를 한다. 내가 먼저 행동하지 않으면 아무도 날 따르지 않을 것이다. 육체적, 정신적으로 쏟을 수 있는 에너지는 한정되어 있다고들 하지만, 난 나를 한정 짓기 싫다. 그래서 현역 선수 때처럼 오전 6시에 일어나 달리고, 오후에 선수부 운동 시간에도 같이 스파링을 하고 샌드백을 치며 체력을 유지한다. 그리고 헤드기어와 글러브를 끼고 직접 링 위로 올라간다.

그렇게 항상 준비된 몸으로 현재 체육관에 다니고 있는 회원님들께 직접 스파링을 해준다. "힘든데 좋아요." 모든 사람이 똑같이 느끼진 않겠지만 링 밖으로 나와 털썩 주저앉아 땀을 뻘뻘 흘리면서도, 거친 숨을 내쉬면서도, 그들이 좋다고 말한다. 그러고는 스스로 부족한 점을 깨닫고는 거울 앞으로 가서 자신을 되돌아보며 다시 연습을 시작한다. 그런 모습을 보는 순간 큰 보상을 받은 듯 뿌듯하다.

내가 현역일 때 김한상 스승님은 항상 먼저 체육관에 나오셨고, 뱀의 눈으로 의자에 앉아 나를 기다리셨다. 운동할 때는 집에 가서 자기 전에 눈물을 흘리고 마음에 상처를 입을 정도로 욕을 먹은 적도 많았지만, 밥을 먹는 자리에서는 아무 말 없이 숟가락에 고기를 얹어주며 더 먹으라는 스승님의 따뜻한 츤데레 모습에 감동했다. 그러고 나면 항상 더 열심히 운동해야겠다는 다짐을 했다.

선수와 일반 회원은 물론 다르다. 하지만 당근과 채찍은 항상 중요하다. 운동을 더는 못하겠다고 할 정도로 선수가 가진 힘을 최대한 끌어내서 한계를 뛰어넘고 또 뛰어넘도록 반복해줘야 한다. 한계를 뛰어넘는 순간, 인정해주고 칭찬해주며 포상을 줘야 한다. 시기와 원망을 안고 가는 지도자가 될 수도 있지만 옳고 그른 것을 제대로 가려내며 선두에 서서 길을 안내해야 한다. 지도자가 되어서야, 나는 스승님이 왜 그렇게 행동하셨는지 이해가 갔다.

이제는 '복싱'을 통해 모두를 황금길로 인도하고 싶다. 그것이 'Gold Road' 정신이다.

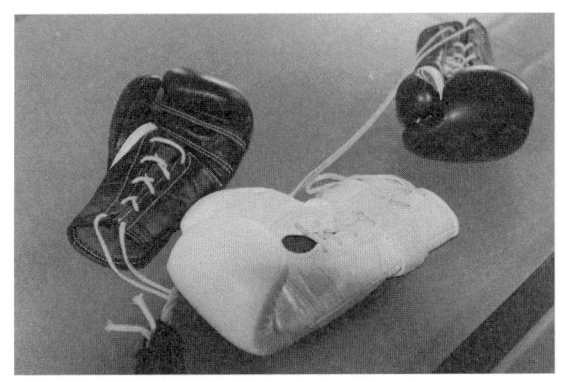

이제는 '복싱'을 통해 모두를 황금길로 인도하고 싶다.
그것이 'Gold Road' 정신이다.

에필로그

그럼에도 불구하고

주먹 한번 휘둘러 본 적 없던 내가 스물여섯 살에 복싱을 처음 시작해 2년 5개월 만에 아시아 챔피언이 되었다. 은퇴 후에는 2개월 수영을 배워 철인 아쿠아슬론 대회에 나가 3위에 올랐다. 체육관을 시작한 지 1년 6개월 만에 50평짜리 체육관을 100평으로 확장하고 연매출 2억 5천만 원을 달성했다. 한번도 글을 써보지 않았던 내가 이렇게 책을 썼다.

"인생은 짧고 후회는 길다"는 말이 있다. 나에게 있어 후회는 가장 큰 원수다. 하고 싶은 일은 지금 당장 시작하지 않으면 영원히 못 할지도 모른다. 꿈은 늦어서가 아니라 포기해서 못 이루는 것이다. 당연히 두려움이 있겠지만, 당장 시작해야 한다. 시작하기에 완벽한 타이밍이란 없다. 실패하고 넘어져도 괜찮다. 그것이 값진 경험이고 성장이 될 테니까.

어린 시절의 아픔이, 주먹을 휘두르게 했을까?
돼지 같이 살이 쪘다고, 다이어트를 포기했나?
눈이 안 보인다고, 꿈을 잃었다고, 심장이 멈췄나?

깨진 거울을 통해 봤던 내 모습을 변화시키고 싶었다. 다른 사람한테 인정받고 명성을 얻고 싶었던 게 아니라, 내 하나뿐인 삶의 주인공이 되고 싶었다. 부족한 자본과 시간과 재능에도 불구하고 나를 믿고 직진했다. 그랬더니 '복싱'이 나를 찾아왔다. 포기하지 않는 법을 배웠고, 한계를 뛰어넘는 법을 배웠고, 꿈을 꾸는 법을 배웠다. 돌아가지 않고 직진하는 방법을 찾았다. 그랬더니 아시아챔피언이 되었고, 명성을 얻었다. 그랬더니 '책과강연'이 나를 찾아왔다. 글을 통해 자신을 돌아보는 법을 깨달았다.

　나는 이제 '챔피언의 심장'을 갖게 되었다. 앞으로도 계속해서 꿈을 꿀 것이고, 꿈을 위해 달릴 것이다. 어떠한 시련이 와도 포기하지 않을 것이고, 한계를 뛰어넘을 것이고, 황금길, 골드로드로 묵묵히 직진할 것이다. 책을 읽은 독자분들이 '챔피언의 심장'을 갖고, 꿈을 위해 직진했으면 좋겠다.

　'복싱'을 통해 삶을 변화시킬 수 있게 해준 김한상 관장님과 매일 선수의 밥을 차려주신 김세미 사모님께 감사를 전한다. 챔피언이 될 수 있도록 같이 한계를 뛰어넘으며 훈련했던 김주영 형님과 김일권 형님께도 이 자리를 빌어 감사하고 싶다.

　이게 '복싱'인지 뭔지 헷갈릴 정도로 링 위에서 주먹을 마구잡이로 휘두르는 모습을 보고도, 저를 믿고 책을 써보자고 제의해주신 '책과강연'의 이정훈 대표님과 김태한 대표님께 특히 감사하다. 그리고 나를 한 번 더 돌아보며 눈물을 흘릴 수 있도록 해주신 신선숙 편집장님께도 감사의 마음을 전한다.

시합 때문에 약속을 취소해도 항상 이해해주고 격려해준 친구들 덕분에 항상 든든했고, 아들이 복싱 현역으로 시합을 뛸 때도, 은퇴하고 체육관을 차릴 때도, 걱정하면서도 옆에서 도와준 부모님께 사실 가장 감사한 마음이 크다. 힘들어도 떠나지 않고 옆에서 묵묵히 응원해주고 기다려준 여자친구 김지원에게 마지막 가장 큰 감사를 보낸다.

모두에게 정말 감사합니다.

2024년 겨울
김황길

원펀치

초판 1쇄 발행일 | 2024년 12월 7일

지은이	김황길
발행인	김태한 외 1명
펴낸이	책과강연
총괄기획	이정훈
도서제작기획	김태한
책임편집	인생첫책
디자인	아르케디자인

주소	서울시 퇴계로26길 15 남학빌딩 B1
전화	02-6243-7000
블로그	blog.naver.com/writingin180days
홈페이지	mybrandingstory.com
인스타그램	@writing_in_180_days
유튜브	책과강연
카카오톡	writing180
출판등록	2017년 7월 2일 제2017-000211호

ISBN	979-11-989982-0-0 (03810)

* 책 가격은 뒤표지에 있습니다.
* 파본은 구입하신 서점에서 교환해 드립니다.
* 저자와 협의 하에 인지를 생략합니다.

실행하는 지금이 실현하는 순간입니다.
[책과강연]에서는 여러분들의 원고를 기다리고 있습니다.
원고 투고 및 의견은 writingin180days@naver.com으로 보내주세요.
함께 만들어 갑니다.

'내 책을 서점에서 만나는 기적'